气候到底怎么了

Change with the Climate

朱焱 ⊙ 著

中央编译出版社
Central Compilation & Translation Press

谨以此书献给我的母亲刘学勤和父亲朱洪涛

目 录

序 /i

前 言 /i

上篇 气候变化和我们的生活 /1

    巴松海的故事 /3

    帕隆4号冰川 /17

    没有牦牛，就没有藏民族 /33

    上海可能被淹没？ /49

    一个地球不同世界：瑞士阿莱奇冰川 /63

    西撒哈拉沙漠 /73

中国富了，不要再装穷了 /88
从小风机到大风电 /96
由奢入简之太阳能 /114
思想改造和建筑节能 /122
电动汽车能开多远？ /135

下篇　气候变化里的中国与世界　/143

白手起家的环保事业 /145
联合国宣言里的毛主席语录 /152
气象部门率先对外开放 /160
科学家的政治舞台 /168
中国被拉进气候谈判 /179
《京都议定书》的搏斗 /189
日本：对不起 调子起高了 /198
发改委管外交 /211
中国站到舞台中心 /221
中美的较量与合作 /229

结束语：与气候一起变化　/240

后　记　/242

序

中国一度认为全球变暖是西方设下的"陷阱",这是一个令人难以置信的想法。中国的工业发展和经济扩张突飞猛进,而对气候变化带来的危险和自身在其中的作用似乎几乎一无所知。这种"难得糊涂""自欺欺人"的做法一直持续到2007年的联合国气候变化大会。那一年,中国积极联手他国,制定巴厘路线图,在减少温室气体排放问题上起了表率作用。

后来的变化更快。2015年9月,习近平主席第一次出访美国即将气候变化列为重点议题与各国领导人交换意见。随之而来的是中国和美国等有影响力的国家签署了一系列气候变化问题协议。现在,中国不仅仅应对气候变化,而且领导气候变化的国际合作。

朱焱这本书生动描绘了一幅场景——无论我们尊卑与否、身居何处,这个脆弱的星球为每个人提供的生存空间都微不足道,我们必须适应眼前的挑战和未来的不确定性。与此同时,无论贵贱贫富、何以为生,每个人每天都在改变气候。注意,并非改善,大多数情况下是相反。作者还告诉读者,你其实看不到气候变化。那是科学家的工作,他们清楚冰川如何融化,因为他们每天、甚至每个小时都在记录。关于气候变化的科学知识,这本书解释得通俗易懂。

朱焱的专业是国际政治,他在中共中央党校获得了博士学位。在中央电视台工作期间,他制作了系列专题片《与气候一起变化》。他的学术研究、采访经历以及专题片制作过程中拍摄的大量照片,在这

气候 到底怎么了

本书里得以呈现。

我和朱焱在中央电视台英语频道共事12年。其间，他的工作从管理新闻资源扩展到人力资源。2015年10月，他结束了20年的中央电视台工作经历。但是，他告诉我："我依然热爱新闻"。

毫无疑问，读这本书是一种享受，学习的享受。

Edwin C. Maher

埃德温·马厄
北京
2015年10月

前 言

很多大人物关心的事情，貌似和你我没有多大关系。比如核武器、金融危机、非法移民、消除贫困、大宗商品贸易等等，气候变化也在其中。但是，如果不涉及老百姓的切身利益，各国政要何以花着纳税人的钱，满世界飞来飞去、为这些事情争得面红耳赤呢？所以，这些国际热点问题和平民百姓的切身利益不是没有关系，而是没有说清楚。把这些问题弄清楚了，我们自己的日子也能好过些。因为无论国家还是个人，获得利益的基本逻辑是一样的。

把国际热点问题说清楚有难度，因为专业性强，牵扯的面广，历史恩怨复杂。拿气候变化来说，它首先是个科学问题，气温、降水、大气层、辐射之类。气候还是个能源问题。哪种燃料排放多少温室气体？哪些能源既清洁又实用？都需要仔细计算。另外，气候同样是政治和经济问题，牵扯到国家的发展水平和未来兴衰。很多国家连干净水都喝不上，你让他们搞清洁能源建设、节能减排，简直天方夜谭！这么多属性叠加在一起，要把气候问题说清楚，得搭个班子，出套系列丛书。这个活儿太大，单打独斗的人干不了。真干出来了，一般读者也懒得看。

我在中央电视台当了20年记者，长期报道环境与发展问题。国内第一部用高清摄像机拍摄、以气候变化为主题的系列专题片，就是我担任总编导的作品。此片以中、英、西、法、阿、俄六种语言在中央电视台播出，获得了国内外诸多奖项。在职攻读博士学位期间，我以中国气候外交为题做过专项研究。国内外走了很多地方，采访了不少知情人，阅读了大量文献。有了这些经历，我总想把自己掌握的材料拣有趣的和重要的告诉读者，履行一个记者的义务，满足一个新闻人的追求。

这本书从气候变化的影响入手，力求把气候变化和普通人的关系讲明白。另外，我梳理了几十年来中国气候政策的演变。中国气候外交是新时期中国外交的一个侧面。改革开放以来，中国如何认识自己的利益？如何保护自己的利益？如何拓展自己的利益？气候外交提供了丰富的经验。外交政策都是人制定的，国家行为说到底是人的行为。国家与利益的关系弄清楚了，我们如何处理身边利害攸关的事情，也能得到启发。譬如，趋利避害是人的本能，但是我们往往认识不到自己的利益，或者不知道如何维护自身利益。如何让自己过得好一点，体面一点，得到更多的利益，这本书能给你支几招儿。

全书分为上下两篇。上篇，感知气候变化；下篇，气候变化里的中国与世界。

上篇，感知气候变化。气候变化并非直观可视，全球变暖是一种趋势，平均温度上升是科学家算出来。我们能够看到的雨雪冰冻、飓风干旱都是极端天气现象，不是气候。打个比方来说，在信仰宗教的人群中，谁也没见过上帝。但是牧师可以通过身边的事情解释上帝无所不在。气候变化也有这个特点，科学家就像牧师，他们告诉你各种观测数据和极端天气现象意味着气候在变化。本书的上篇把读者带进融化的冰川、荒芜的草原、炎热的沙漠以及沿海大都市，一起了解气候变化的影响。气候变化因能源消费而生，破解之道在于能源结构和消费模式的改变。风电、太阳能、节能建筑和电动汽车代表了未来，却离寻常百姓的日常生活还有些距离。气候变化还是一个发展问题，穷国富国解决问题的成本和代价迥然不同。我把气候变化的影响、应对办法，以及由此产生的种种矛盾展现给读者，请大家评判。

下篇，气候变化里的中国与世界。1971年，中国重返联合国，

前　言

之后有了改革开放。1972年，联合国人类环境会议召开。这次会议成为世界环境外交和气候外交的起点。中国打开国门融入世界，与中国环境和气候外交的发生和发展并行在一条时间线上。本书的下篇从中国如何应对国际气候议题的视角，观察中国三十多年来与外部世界的互动。其间，我们可以看到中国与世界碰撞、磨合以及相互适应。比如，20世纪70年代初，中国领导人根本不知道环境保护是什么。到了世纪之交，中国在气候问题上与发达国家的对立多于合作。特别是跟美国，两个国家在2009年的哥本哈根峰会上真的吵起来了。可是，谁又能想到，没过几年，中美这两个世界上最大的温室气体排放国高调合作，摆出一副引领国际气候合作的新姿态。

本书的结束语，与气候一起变化，取自多年前我与中国气象局合拍的系列电视专题片。我喜欢这个名字，因为它不仅押题，还有几分哲学。中国对于气候问题的认知、调试、适应，乃至日后的引领，不都体现了积极求变的思想吗？中国对于世界的态度，特别是改革开放以来应对外部世界的思路，不也是一种积极应变的态度吗？贯穿始终的，是认识国家利益、辨别国家利益、维护国家利益和拓展国家利益的主线。中国之所以能够沿着这条主线循序渐进，是因为国家发展了，有能力、有手段在国际上发声、做事了。每每想到此处，我都有一种拥抱世界的冲动。

稍安勿躁，或许我们现在更需要的，是被世界拥抱。气候变化，为中国提供了这样一个机会。

上篇　气候变化和我们的生活

巴松海的故事

如何应对气候变化?

少开车,少用空调,降低能耗,减少排放。这是城里人的说法。想过农民、牧民吗?他们靠天吃饭,年景好坏要看老天爷脸色。所谓年景,就是一年的收成。旱涝保收通常是神话,风调雨顺永远是民心所向。农牧民不懂气候变化,只知道雨水好不好、干旱地涝影响生计。他们如何应对气候变化?我采访过一位78岁的老牧民,他的办法是打井。

这位牧民叫巴松海,从小生活在内蒙古乌审旗。乌审旗地处毛乌素沙地,从行政区划上讲,归鄂尔多斯市。

◇草原牧民巴松海
2009年9月 安塞岗拍摄

巴松海的三口井

天苍苍,野茫茫,风吹草低见牛羊。这是内蒙古的历史,也是现实。但是这个现实要加个注脚,因为肥美的草场越来越少。从面积上来说，草原占内蒙古自治区的3/4。古老的畜牧业仍然是支柱产业。但是，绿色的草地越来越少，黄色的沙地越来越多。草地变色的现象从20世纪60年代开始加剧。如今，沙化土地遍布整个内蒙古自治区，荒漠化土地占了全区一半。

巴松海的家在乌审旗。这个地方不大，只有十多万人口，但是在全国小有名气。它地处毛乌素沙地的腹部，生态环境脆弱，是中国荒漠化最严重的地方之一。几十年来，当地老百姓和政府一直努力治沙，媒体报道比较充分。毛乌素什么意思呢？当地人告诉我，蒙语意思就是不好的水。稍微有点含碱量，味道比较苦涩。但是整个毛乌素沙区并不缺水，地下水蕴藏量非常大。

20世纪五六十年代，巴松海老人住的地方水很多，稍微低洼一点的地方，都形成了大大小小的水坑，水淖尔。淖尔是蒙语，湖泊的意思。地下水分为地表水，浅层水和深层水。水淖尔多，说明地下水非常丰富。巴松海打井的故事就可以从这儿讲起了。

2009年我采访巴松海老人的时候，他78岁。他说，五岁来到这个地方，那时候这个地方草场好，天气好，雨水好。巴松海五岁的时候，应该是1936年。等到他20来岁，30来岁的时候，人就多起来了。也就是20世纪50年代，新中国成立以后。这个时期，巴松海还发现，雨水有点不好了，之后越来越不好。到了六几年，七几年，更是雨水不好，草场也不好。雨水少了，草长不好，羊就没得吃。所以巴松海开始打井。

1958年，巴松海挖了第一口井。他说，这口井两丈多深，实际上到六尺来深就见水了，水有一丈多深。一丈十尺，折合成公制是3.33米。也就是说，20世纪50年代末，毛乌素地区往下挖六七十厘米就有地下水了。水深能达到3.3米，可见地下水之丰富。巴松海回忆，毛驴把水从井里拉出来，一天能灌两亩地。浇一点菜，种一点草。

巴松海一家是传统的草原牧民，一家的生计全在牛羊身上。想

◇巴松海挖的第一口井　专题片《与气候一起变化》截图
　2009年9月

改善生活，就得多养牲口。但是他家附近的草场沙石比较多，产草量低。为了养更多的牛羊，巴松海开拓土地，种植草料、饲料。土地整理好了，还要解决水的问题。毛乌素沙地地处干旱、半干旱地带，降水少。大面积种草，不能只靠雨水。20世纪六七十年代，挖大口井，汇集地下水是最常见的办法。

大口井，实际上就是个大坑。由于地下水丰富，坑挖到一定深度，就变成了蓄水池。那个时候，巴松海已经有50亩地了。大口井的水，每天可以灌五亩地。有了人工草场，解决了饲料问题，牛羊就可以多养。这个大口井为巴松海一家带来了好日子。

好景不长。没几年，地下水水位眼看着越来越低，大口井里的水越来越少。再加上雨水不好，到了七八十年代，巴松海一家感觉到日子又不好过了。好在90年代，村里通了电。巴松海雇人挖了两眼深井。一个130米，另一个200米。电泵把水抽上来，经过水渠汇聚到大口井里，再分流到地里。有了深井以后，巴松海种了一百二十来亩地，主要是饲料草。

气候到底怎么了

稍微研究一下牧民的生计，你会发现牧民表面上围着牛羊转，其实草场才是根本。以巴松海为例，他养了三百多只羊和三十多头牛，每年卖一百多只羊，七八头牛。当年出生的羊羔，当年就卖了。因为草场有限，牧草有限，太多的牛羊喂不起。就目前的草场来说，还要轮牧。巴松海把草场分区划片，用铁丝网隔开，这面放两个月，那面放两个月，让羊群轮流吃。蒙语叫圐圙，也可以写成库伦，就是围起来的草场。这样做，是保证不放牧的草场尽快长草。

经营打理草场，是巴松海最重要的工作。没有一家人辛劳细致的种植和贮存，这几百只牛羊的饲料根本没有着落。近些年来，最让巴

◎巴松海的大口井
2009年7月

松海操心的是雨水。以前6月不到就下雨了，现在八九月才下一点。雨下得晚、下得少，而且一年不如一年。天一旱，长不了草，饲料种不好。光靠井水灌溉也解决不了问题。我问他打算怎么办？他说："还是挖井，还是就这样活吧。活下去，其他的也没有什么更好的办法，也就这样，靠天也靠不着了。"听到这番话从一位年近八旬的老人家嘴里说出来，心里不免有些凄凉。操劳一辈子，井已经从六七米挖到两百多米了，还要为了讨生活继续往深了挖井。

巴松海跟我聊打井的时候，还说了一句话，让我印象深刻。如果不是从他嘴里说出来，这句话更像一句官话。"牧区来看，建设这个草场是大问题，有草场有牲畜，没有草场没有牲畜。"

肺腑之言！

巴松海的人工草场
2009年7月

◇巴松海家的羊圈一角
2009年7月

消失的草原

巴松海有个老朋友，叫欧大光，以前乌审旗草原站的站长。他给巴松海出了不少主意。20世纪70年代末，巴松海养山羊。那个时候还没有人工草场，都是放养。山羊任性，喜欢刨食草根，对草场破坏极大。有一段时间，巴松海的草场退化严重，生活都成了问题。欧大光出了两个主意：一是改养温驯、不刨食草根的绵羊，二是开辟人工草场，种植柠条。草场建成后，分区划片，轮流放牧。

这两条建议，巴松海都接受了。为了开辟人工草场，他还卖了自己的马鞍子，买来铁丝，把牧场分区划片。当年，这是敢为人先之举。事成之后，很多牧民效仿。因为这个事儿，欧大光很佩服巴松海的见识和魄力。那个马鞍子，是巴松海最值钱的家当。

上篇　气候变化和我们的生活

柠条，是一种适合沙漠和草原环境的灌木，不但是羊群的好饲料，还能抵御风沙侵蚀、水土流失。风沙，是草原始终要承受的侵扰。多风、干旱，让草原土壤沙化，加重了水土流失。除了荒漠化的自然因素，人为因素的杀伤力更大。半个世纪以来，内蒙古的牧业人口增加了七倍，牲畜的数量随之激增，草地的面积却反而有减少的趋势。脆弱的生态，过度的放牧，让草场退化、沙化、盐渍化。昔日肥美的大草原不再是牛羊牲畜的天堂。

那么巴松海的井为什么越打越深呢？还是人为因素。欧大光说，地下水位降低的原因有两个方面，一个是区域干旱，降水量减少。降水是地下水的来源，水的补给少了，水位自然下降。另一个原因是地下水的大量开发。经济发展，工业、农业都需要水。特别是工业的发展，用水量急速增加。地下水开采量过大，水位肯定下降。

2009年我采访巴松海的时候，听说乌审旗煤炭储量丰富，还发现了特大油气田，正在酝酿引进资金

◇巴松海家种植的柠条
2009年7月

开采建厂的事情。写这篇文章的时候，我查了一下2015年旗政府的工作报告。2015年政府工作总体要求中，以黑体字标出了"坚定不移走牧区新型工业化之路"。重点推进的亿元以上工业项目都是以煤炭为主。同时，"改善城乡面貌，推进城乡一体化发展"也是工作重点，城镇化建设速度明显加快。2015年8月份，我给欧大光打了一个电话。欧老说，乌审旗对引进项目的审核比较严格。特别是对节水、净水的要求很高，确保水量和水质不受较大影响。但是，临近旗县引进的大型煤炭项目用的都是乌审旗的地下水，因为水在地下，都是通着的。洗煤耗水量大，导致乌审旗部分地区地下水水位下降。

对于巴松海打井这件事，欧大光说这是牧区的普遍现象。在当地，井越来越深，随之而来的是打井的费用和电费增加。另外，这10来年集中下雨的时间的确后移了，推迟到八九月份，正好是牧草和农作物收割的黄金季节。割倒的草没等拿回家，下雨了，容易霉烂。没割的草，已经到了成熟期，一下雨，二次返青。返青的草让牛羊一吃，剩下的部分没有什么养分了，没有冬储的价值。这都直接影响到农牧业生产，增加成本。

还有，城镇化建设对牧民生活方式产生了直接影响。巴松海的家在乌审旗嘎鲁图镇萨如努图嘎查。旗就是县，嘎查是村。嘎鲁图镇是旗政府所在地，也就是县城，城镇化建设的重点。巴松海的村子离县城很近，25公里。随着城镇的扩大，一旦土地被征用，牧民的生活方式就要改变。没有了草场，也就没有牧民了。政府征地补偿，牧民可以在城里买一个房子，但是他的经济生活就没有来源了。

2015年8月，欧大光告诉我，巴老住的地方没受到城镇化影响。他还跟自己的三儿子住在一起，安静地过日子。但是巴老的二儿子在嘎鲁图镇上生活，开出租车。谁会成为最后的牧民呢？也许就是巴松海这一代。

上篇　气候变化和我们的生活

消失的牧民

我把"巴松海的故事"拍成了专题片，在国内得了共青团中央的奖。几年后，《中国青年报》的一个记者告诉我，她去美国采访，发现联合国电视台还在播这个节目。吃水不忘打井人，我应该感谢两位学者，是他们让我走进巴松海的草场。一位是林而达，中国农业科学院教授，曾经担任国家气候变化专家委员会副主任。另一位是梁存柱，内蒙古大学草原生态学教授。2009年，两位教授做一项牧民如何应对气候变化的研究，我跟随调查组走进乌审旗，发现了这个故事。

拍摄前后，我多次请教梁存柱教授，问他巴松海的故事与气候变化的关系。他说，气候变化主要表现是温度升高、降雨减少，以及极端天气事件增加。温度升高对毛乌素沙地的影响不大，最主要的影响是降水变化，特别是降水减少对草原影响很

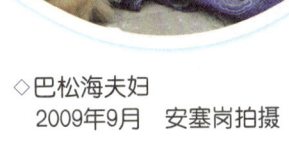

◇巴松海夫妇
2009年9月　安塞岗拍摄

大。草地都是靠天吃饭，没有降雨就没有收获。随着气候变化，特别是干旱加剧，草地的生产力降低幅度比较大。巴松海一家通过打井、发展人工草地的办法，有效缓解了气候变化对生活的影响，生活水平

稳步提高。就目前现阶段而言，是可取的。但是也应该注意节约水资源，尽量采用一些节水的方式去灌溉农田和草地。另外，人工草地的面积也不应该再扩大，保持现有的水平就可以了。

从政府的角度说，禁止放养、牲畜舍饲的政策已经出台20年了。按照规定，牧民在自家草场上放牧的时间每年不能超过四个月。大多数时间，牲畜要在棚圈里吃饲料草。牛羊一旦放养，啃食草场的后果是灾难性的。

说到未来，梁教授看的是整个鄂尔多斯地区发展的大趋势。农牧业的比重会降低，工业比重逐步增加。工业化和城市化发展很快，部分牧民可以转移到城市当中，或者进入工厂和服务行业。这是一个比

◇中外学者和巴松海在人工草场中留影，右一是梁存柱教授
2009年7月

上篇 气候变化和我们的生活

较理想的途径。但是，这个途径对于牧民的影响很大。牧民要改变生产方式和生活方式。

林而达是农业问题专家，常年为政府制定气候政策出谋划策。他对巴松海的解读带有更多的政策建议。他说，内蒙古乌审旗处在干旱半干旱地区，干旱是老问题。气候变化以后，风险可能更大。

自然环境已经很脆弱的地区如何适应气候变化？林而达认为，从长远讲，要增强适应气候变化能力。从中短期讲，要应对一个一个的气象灾害，因为气象灾害很大程度上是气候变化引起的。应对气象灾害要有预案。比如科学家分析，中国的北方在最近二三十年内依然以干旱为主。那么针对干旱，要制定各种措施，比如如何保水，如何节水。

◇林而达教授接受采访 2010年2月

对于个人来讲，应对气候变化要考虑生活来源多样化。短期看，不能仅仅依靠种草养羊。可以增加打工，增加商业活动。从长远看，政府应该考虑生态移民。如果这个地方确确实实随着气候变化，在比较长的一段时间里生态脆弱性很高，不适合牧民的可持续发展，那就要考虑把一部分人搬迁到适合的地方。

两位教授都把巴松海作为一个典型案例，探讨气候变化对牧民的影响，以及个体应对气候变化的策略。我倒是觉得，巴松海身上更多反映了人和自然的关系。有人说，以蒙古包为移动的家，驱赶牲畜逐

气候到底怎么了

◇草原牧民巴松海
2009年9月

水草而居，是游牧民族经过千百年的摸索，创造出最有利于生产与生活、最符合气候特点的生活方式。但是，大部分牧民和巴松海一样，已经住进了砖房，享受了现代化带来的便利。现在需要琢磨的，是如何在现实中让牧民的日子越过越好。

抛开气候变化，如果牧区没有现在这么多人，地下水开采适可而止，工业化城镇化进程适度规划，巴松海的日子会不会好过一点？他的三个儿子，都成家立业了。一个跟他住，照看牧场羊群。另一个自立门户，生活在县城里。还有一个早逝。巴松海心里清楚，世事沧桑，自己可能是最后的牧民。他也知道，城镇就在并不遥远的地方召唤，儿子的儿子可能远离草场、羊群。这些事情就像气候变化一样，不确定，但是就在那里。

三次采访巴松海，他从来没提气候变化。

他反复说，天气不好，雨水不好，就这么活吧。

帕隆4号冰川

气候变化在哪里？这个问题不好回答。作为一个电视人，回答问题要用画面说话。用什么画面呢？

炎炎烈日、雨雪冰雹、台风海啸，这些都是天气现象。气候，是天气的平均。准确地讲，是一段时期内气象要素和天气过程的统计状况。比如说，长期以来，气温逐渐升高，降水越来越多。这些判断都是以长期天气数据为基础，经过计算得出的。气候可以感受得到，但是并不直观可视。这里还有个问题，感受因人而异。比如某一个地方，有人说越来越热。也有人说，我怎么没感觉啊？

那么我们去哪里看气候变化呢？

冰川。

◇西藏昌都岗日嘎布雪山北坡帕隆藏布江源头4号冰川
2009年8月　安塞岗拍摄

气候到底怎么了

然乌湖冰川探险

冰,是凝固的水。在高寒地区,巨大的冰块积聚成形,构成冰川。冰川是天然的固体水库,冰川融水是江河湖泊的主要水源。随着气温和降水的变化,冰川的体积增大或缩小,湖泊的面积也随之变化。因此,冰川是气候的产物。冰川、湖泊和气候一起变化。科学家说,冰川是气候变化的指示器。

青藏高原东南部,一座座冰川星罗棋布。2009年8月份,我带摄制组到西藏拍摄冰川。行前,特意请教了中国科学院青藏高原研究所的

◇帕隆4号冰川脚下的藏民生活
2009年8月

冰川专家康世昌教授。康老师年富力强，常年奔走在青藏高原。他笑着说，当年考研究生的时候，就是因为能爬山才被导师看中。之后就跟冰川结了缘。上了冰川，能取到冰芯。成百上千年的气候变化信息都完好地存贮在冰芯里。

康老师说，爬山这个苦记者受不了。他曾经带记者在青藏高原拍摄冰川。海拔高，喘气都费劲，别说背着摄像机徒步行进了。记者到不了冰川末端就撑不住了，拍出来的镜头都是雄伟的远景。我说，我们一定要到冰川末端，拍摄冰川融化。康老师说，去然乌吧，那个冰川好爬一点，我们有人在那里观测。

然乌是个镇，隶属于西藏昌都地区的八宿县。这里有个景点，叫然乌湖，景色秀美，就在川藏公路边上，每年吸引很多内地游客。开车、坐车的居多，也有从成都、重庆骑自行车上来的！这里的湖光山色与内地不同，因为有冰川，多了几分雄壮。然乌镇的海拔大约4000米。摄制组从成都飞到林芝，下了飞机当天就赶到然乌。所有人彻夜未眠，高原反应强烈，头疼得睡不好觉。

我们拍摄的冰川叫岗日嘎布雪山北坡帕隆藏布江源头4号冰川，简称帕隆4号，海拔近5000米。冰川脚下，生活着世代以放牧为生的藏民。去帕隆4号的路上，我们走进一户藏族人家，聊了聊冰川。这家的主人叫顿亚，我们进屋的时候，他正在带着几个人念经。顿亚年过半百，一直生活在冰川脚下。我问顿亚，冰川有什么变化吗？他说，在这里放牧二十多年了，冰川的变化很大，融化的速度非常快。融化的水人不能喝，有时候连牛喝了都会生病。

这是一次随机采访，随行的有中国科学院青藏高原研究所的观测员李生海。李生海是青藏所的在读博士，在此地住了半年多，负责收集冰川的数据。2006年夏天，中国科学院青藏高原研究所在藏东南岗日嘎布雪山北坡设立观测站，记录气温、降水和冰川的变化。观测数据显示，几条冰川都在不断地后退，退缩速度一直在每年十米以上。

◇ 研究人员测量帕隆4号冰川融水数据
2008年8月 中国科学院青藏高原研究所提供

我问李生海，冰川融水量增加很好理解，夏天温度高。为什么水会有问题呢？他说，观测数据显示，冰川的消融量逐年增加，冰川一直在后退。后退过程中，两边侧碛垄上面的泥土和沙石会往下滑动。随着水量变大，泥沙也带进来了，所以水比较浑浊。以前，沙比较少，消融的是雪，水比较干净。现在冰川表层的雪已经消融的差不多了，开始消冰了。冰的表面有表碛，非常脏，水溶进去的杂质比较多。因此，水比较浑。

◇冰川表面厚厚的泥沙
　2009年8月 安塞岗拍摄

◇冰川末端流出的水十分浑浊

◇侧碛垄就是冰川两侧的山坡

气候 到底怎么了

冰川融水浑浊，给我们留下了深刻印象。古诗云，问渠那得清如许？为有源头活水来。我们原以为冰川融水一定清亮透彻，因为远望的山峰是那么雄伟圣洁。没想到我们费尽千辛万苦，徒步跋涉到冰川末端的时候，源头竟然是浑水。冰川表面真的很脏。就像李生海说的，表碛很多。表碛就是冰川两侧山坡上滚落的泥沙。这些脏东西从源头就混入了冰川融水。冰川融化越快，水里掺杂的脏东西越多。

尽管冰川末端没有想象中清澈的源头活水，但是人迹稀少，常人罕至。于是，摄像师摆开了架势，尽量多拍。拍了不久，当地向导突然要求我们尽快离开。

我问为什么，他说，下午冰川融水量增加，再

◇过河
2009年8月 安塞岗拍摄

不走，你们的车过不了河，今晚就在这里过夜吧。我一听，赶快收拾设备，回然乌镇。过了河，司机说，水都要没到车窗了，太险了，幸亏听了向导的话。过了河，我把手放进河里摸了一下。果然是冰川融水，冰冷刺骨。

消失的水塔？

离开然乌，前往拉萨。青藏高原研究所"一所三部"，三部分别在北京、拉萨和昆明。在拉萨，我又见到了康世昌教授。我告诉他，摄制组全体成员虽然头疼得快炸了，但是一个没少地徒步到达冰川末端。此行终生难忘，但绝不会有第二次。

康老师带我们参观了青藏所的冰库，所有的冰芯都存放在这里。冰芯是一根根一米左右的圆柱体，取自大陆上的冰川或者南北极的冰盖。冰芯犹如大自然的"年轮"，由不同年份的冰雪沉积而成。由于每年环境气候各不相同，当年冰层的性状也会有所不同。因此，研究冰芯可以得到以前气候和环境变化的信息，并且预测未来气候变化走向。

◇中国科学院青藏高原研究所康世昌教授在拉萨接受采访
2009年8月 安塞岗拍摄

　　除了研究冰芯，康老师和青藏高原研究所的科学家对青藏高原气象台站的资料进行了归总和分析，发现青藏高原的升温幅度非常大。另外，经常去冰川的科研人员有一个共同的感受，就是21世纪的第一个十年，冰川退缩确实明显。而冰川退缩速度主要是气温升高的影响。从全世界范围看，20世纪70年代开始，冰川都在萎缩。特别是从20世纪90年代开始，萎缩速度加快。这说明，青藏高原与全世界的冰川退化趋势一致。

　　为了搞清楚西藏气温升高的具体情况，我来到自治区气象局，采访副局长旦增顿珠。西藏的气象观测始于1951年，对气象专业来讲，这是一段很短暂的历史。但是半个世纪的数据显示，西藏的气温和降

◇科研人员在冰川附近设立的气象站和能量平衡系统
 2009年6月　中国科学院青藏高原研究所提供

水量都在上升,特别是气温升高的速度,明显高于全国和世界的平均水平。全球温度上升幅度为每十年上升0.16℃,北半球高一些,是每十年上升0.21℃。西藏每十年上升0.31℃,远远高于全球平均值,也高于北半球温度的上升幅度。

对于这个数据,旦增副局长说,关键原因是全球气候变暖。另外,与西藏独特的地理位置有关。西藏海拔很高,号称世界屋脊,平均4000米以上。它就像一个柱子一样立在大气层里面。海拔四千多米的青藏高原基本上处在对流层的中部,对于外界的干扰非常敏感。热气流是往上走的,对高海拔地区影响更深。

1998年以来,我多次入藏采访拍摄,大多是在夏季。我有一个感

◇世界屋脊之巅的布达拉宫
2009年8月　安塞岗拍摄

◇受到山洪和泥石流不断
　袭击的川藏公路
　2009年8月　安塞岗拍摄

上篇　气候变化和我们的生活

觉，拉萨并没有想象中那么凉爽。特别是2009年，很多当地人都感觉到，天热的时间变长了，拉萨人几乎不认识的蚊子也猖獗一时。这一年的7月24日，拉萨最高气温达到30.4摄氏度，创下了有气象记载以来的最高纪录。如果海拔3650米的拉萨也变得如此炎热，那么世界上的其他地方，会是什么样子？

气温上升，冰川融化，到底会产生什么影响？研究显示，青藏高原冰川每年缩减的面积是181平方公里。过去30年间，冰川面积退缩了

◇帕隆4号冰川末端
　2009年8月　　安塞岗拍摄

气候到底怎么了

◇帕隆4号冰川末端
2009年8月 安塞岗拍摄

15%，退缩幅度相当于此前200年之和。冰川加剧融化导致河水径流量增加，末端冰湖溃决概率增大。而湖泊，尤其是对于由于泥石流等因素形成的堰塞湖，湖泊扩张速度过快极易造成洪水、泥石流等灾害。在川藏公路上，夏季山洪冲毁公路十分常见。沿此条公路进藏一定要有充足的思想准备。

另外，青藏高原号称亚洲的水塔。亚洲的很多著名的河流，比如黄河、长江，印度的恒河、越南的湄公河、缅甸的萨尔温江，也就是中国境内的怒江，都发源于青藏高原。气候变暖，短期来讲，将导致河流流量越来越大，水资源可能比较丰富。但是，就像川藏公路沿线一样，流域国家要预防各种洪灾和泥石流。

还有一个潜在的影响更可怕一些。如果冰川继续急剧退缩，虽然10到20年之内，水资源会很丰富。但是冰川虽然也叫固体水库，但是毕竟资源有限。日后，我们可能面临水资源枯竭。水是生命的源泉，没有水一切都免谈。所以青藏高原冰川的问题，不仅仅是西藏、或者中国的问题，对亚洲乃至全人类都有举足轻重的作用。

2010年年初，联合国政府间气候变化专门委员会（IPCC）闹出了"冰川门"事件。其报告称，喜马拉雅冰川消融速度快于全球其他地区，如果全球变暖持续，喜马拉雅冰川可能在2035年前后完全消失。此事在世界舆论中引起轩然大波，IPCC随后承认错误，称此结论缺乏充分科学依据。

"冰川门"事件闹出来后，中国科学院青藏高原研究所的康世昌老师也出来澄清事实。他对媒体说，在全球气候变暖的大背景下，喜马拉雅冰川退缩的程度与其他区域的冰川相比，并没有什么特别之处，都是处于同一个数量级的。冰川对气候变化的响应，根据冰川的类型、规模、分布地形，比如海拔高度、坡度和坡向等等有很大的差异。也就是说，目前的冰川退缩除了受到气候变暖的主导因素外，还受到其他诸多因素的影响。所以，如果只分析喜马拉雅山脉某一区域就给整个区域下结论，只是一叶障目，不科学。要想获悉包括喜马拉雅冰川在内的所有冰川是否退缩、消融，或者退缩强度如何，需要科学家做更多的研究，获取更多的基础数据。

看到这个报道，我想起陪我们徒步走到帕隆4号冰川末端的观测员李生海。行走于冰川之间，没有想象的那么美妙。收集一手数据绝对是个苦差事。高原缺氧不说，孤独寂寞更是难耐。从帕隆4号回然乌镇的路上，我到李生海的宿舍坐了一下。一个博士生，二十多岁，正是充满活力的年纪，对外部世界充满渴望和憧憬。雪山脚下的陋室里，

气候到底怎么了

◇中国科学院青藏高原研究所的观测员李生海
　2009年8月　安塞岗拍摄

除了一台电脑就是张床。藏族牧民的家都比他条件好。李生海说，白天靠太阳能给电脑供电，记录数据。一到晚上，漆黑一片。

　　一晃儿五六年过去了，冰川脚下的工作条件或许好些了。

　　由此，我对科学家肃然起敬。

上篇　气候变化和我们的生活

没有牦牛，就没有藏民族

牦牛和气候变化有什么关系？

十多年前，联合国联合国粮农组织发布了一份调查报告，《家畜的长期影响》。报告说："家畜是导致全球环境恶化的最主要因素之一，全球温室气体排放量的18%来自家畜。拿牛来说，在反刍和打嗝的过程中排出甲烷，牛粪中含有氧化亚氮。"《联合国气候变化框架公约》中列出的六种温室气体包括甲烷和氧化亚氮。特别是甲烷，在空气中的含量虽然比二氧化碳少，但导致气温升高的效力却是二氧化碳的23倍。

◇西藏拉萨市林周县山坡上放养的牦牛
2011年6月

气候到底怎么了

这份报告面世后，各种别出心裁的倡议充斥国际舆论的边边角角。吃素吧！别吃牛肉啦！少吃一块肉，保护气候！云云。

要是这么保护气候，出家是不是人类应对气候变化的不二之选？

高原之宝与气候变化

牛和气候变化的关系很密切，但绝不是保护气候、少吃牛肉、少养牛的逻辑。恰恰相反，牛羊要多养。因为应对气候变化的目的，是让人过上好日子。你想，牧民以牛羊为生计，没有牲畜了，牧民怎么过日子？牛羊多了，牧民的收入才能提高。这个道理很多城里人弄不明白，但是在青藏高原一目了然。

青藏高原是牦牛的发源地。九世班禅大师说过，没有牦牛就没有藏民族。西藏古代叫吐蕃，《敦煌本吐蕃历史文书》记载，吐蕃第一任赞普聂赤赞普从天而降，"遂来作吐蕃六牦牛部之主"。赞普是藏族部落首领的意思。由此可见，古代吐蕃也叫"六牦牛部"。古代藏人还做了一件事，就是发明了牵牛鼻子。为什么要牵牛鼻子呢？因为野牦牛经常伤人，难以驯化。为此，聂赤赞普主持的吐蕃第一次君臣会议上，讨论了"如何管束好牦牛"这个问题。会议决定由大臣达盖负责驯化牦牛。达盖不负众望，发明了用绳索穿牛鼻孔的方法，彻

◇西藏那曲地区聂荣县牧民饲养的牦牛
2011年6月

◇ 拉萨小昭寺里的酥油灯
  2011年6月

◇ 拉萨市布达拉宫东侧街道上贩卖酥油的小摊
  2011年6月

气候到底怎么了

底驯服了牦牛。从此以后，性情温顺、吃苦耐劳的牦牛成为藏民族在恶劣艰苦环境中求生存、谋发展的一个象征。

我采访过中国第一位藏族社会学博士、中国藏学研究中心的研究员旦增伦珠，他说，藏族能够在青藏高原生存，要感谢牦牛。旦增觉得，牦牛对高原的适应能力，可能早于人类。或者说牦牛和人类在同时适应的过程中，牦牛为人类的生存繁衍提供了决定性因素。如果没有牦牛，人类要想在高海拔、极其寒冷的青藏高原上生存下去，热量、蛋白质从哪里来？简直无法想象！青藏高原太贫瘠了。光靠粮食？没有热量。有了牦牛，牛奶变成酥油，变成奶制品，问题解决了。这是吃，还有穿。靴子就是牦牛的绒和毛做的。

以前，绝大多数藏族人住帐篷。搭帐篷少不了绳子。牦牛肚皮下的毛最长，绳子就是用这种毛编的。还有，青藏高原运输不便，牦牛耐寒，长途跋涉，拉人驮货都靠它，号称"雪域之舟"。就连牛粪都是日常生活必备的燃料。想找柴禾，也找不到啊，高原地区都是草地。你如果去藏北的农户家，围墙上摊的粪饼绝对不容错过。牛粪烧火虽然火小，但是做个饭够用了。

这些道理一摆，藏族人的衣、食、住、行是不是样样离不开牦牛？适应气候变化能少养牛吗？

全世界牦牛总数大约是1700万

◇西藏那曲地区牧民住宅围墙上晒的牛粪

◇ 高原之宝——拉萨市区的标志性街头雕塑
　2011年6月

头，95%在中国，西藏有450万头。牦牛是西藏的特色产业，也是优势产业。在拉萨市中心，从布达拉宫前面那条宽阔的街道上往西走不远，两只金光闪闪的铜牛矗立在路边。这两只牦牛，名曰高原之宝，总重量两吨。从1991年开始，就是拉萨市中心的标志性雕塑。

　　2011年6月，我在拉萨老城八廓街的一个茶馆里遇到了老熟人江村旺扎，那曲地区的副专员。两年没见，江村专员一眼认出了我，说，又来西藏了？我说，是啊，西藏和平解放60周年，借这个机会入藏找几个选题。专员说，我给你找，明天晚上一起吃饭。饭桌上，江村专员说，我带你去拍牦牛。那曲地区搞了一个金牦牛科技工程。

◇藏北高原,平均海拔4500米
2009年8月 安塞岗拍摄

　　江村专员以前是教师,后来从政。2003年江村专员当那曲地区农牧局党组书记的时候,接待了全国政协人口资源环境委员会调研团。调研题目是草原保护与建设。北京农业科学院的林而达教授是调研团的智囊级成员,常年参加国际气候谈判。江村旺扎的汇报给林而达留下了深刻印象。从此,两个人合作了很多气候变化对草原影响的研究项目。

　　牧区最大的经济问题就是牛羊和草原。气候变化影响草原生态,所谓草原生态,对牧民来说就是草原的产草能力,牛羊的饲料够不够吃。所以,如何应对气候变化既是牧民最实际的生计问题,也是政府的工作重心。那曲地区位于藏北高原,平均海拔4500米以上。到了这个高度的内地人没有不头疼的,而且疼得仿佛要炸。不过一旦适应了,行走在藏北高原那种天人合一的感觉无与伦比。你总觉得天上的

云彩仿佛就在手边，再往前走两步就能摘下来。

客观地说，那曲是西藏气候最为恶劣的地区之一，生存条件异常艰苦。在世界同纬度地带，那曲最干、最冷、风最大。草地是藏北最重要和面积最大的生态系统，也是那曲生产生活的基础条件。那曲全地区草地总面积占土地总面积的95%。由于自然条件极为严酷，藏北地区生态环境非常敏感，特别是土壤侵蚀、沙漠化和草地退化现象十分严重。草地破坏后，恢复难度很大。长期以来，草地资源利用不合理，载畜量不断增加，导致草地产草能力日趋下降。

有学者做过研究，那曲地区的气候变化呈现气温升高，降水量增加，日照时数减少的总趋势。总体来看，这一趋势有利于牧业生产。但是，林而达和江村旺扎通过对比两种温室气体排放模型推演的结果，发现藏北地区草地的生产力不大可能从气候变化的总趋势上得到多大好处。因为温度升高、太阳总辐射降低和降水量增加的区域，各类型草地产草量增加。但是，降水量减少的区域，产草量会减少。而牧民当下的任务，是如何应付草场退化、饲料不足和那曲冬季严寒对牦牛饲养的负面影响。这就是江村专员带我拍摄金牦牛工程的主要意图。

气候 到底怎么了

江村专员带我采访的地点在那曲地区聂荣县色庆乡帕玉村，这个村子的平均海拔有4700米，比拉萨高出1000多米。帕玉村是一个"搬迁来的贫困村"。1993年，为集中有限的资源帮助贫困群众集中实现脱贫，色庆乡政府从全乡牧户中抽选出了20户特困群众，建成帕玉村。由于缺乏扶持资金和项目，十多年的努力没有换来多少效益。贫困村的牧民依然贫困。2008年，该村牧民人均纯收入1449元，其中现金收入仅有400元。

有了金牦牛工程，几百万的投资就来了。输血的同时，技术指导也跟上了。帕玉村的村长特意穿上了民族服饰接受采访，他说，落到实处的措施有三项。一是母牛的保暖和饲料。保暖就是给牧民修了很

◇ 帕玉村村长旺加与挤奶的牧民
　2011年6月

上篇　气候变化和我们的生活

多牛圈、暖棚。冬天太冷，要保证牛吃饱住暖。饲料，主要是围栏种草，也就是人工草场。二是，从那曲地区的优良畜种里，优先给村民解决种牛。三是自治区农科院、地区科技局和县科技局给派技术指导员下来指导。

这几项措施中，保暖和牧草是关键。那曲的冬天特别寒冷，零下三四十度。母牛在这样的气候条件下十分虚弱。只有住暖和了，才能多产奶。挨过寒冬，春季草比较少。在这个时候，如果没有提前储备的饲料草，牛就断顿了，也上不了膘。有了围栏草场，饲草的产量提高两成多。吃得好，牦牛增重快，肉长得多。

所谓应对气候变化，这是最实际的问题。

江村旺扎的困惑

2003年那曲地区农牧局党组书记江村旺扎结识了全国政协委员、气候问题专家林而达教授。之后，两人互相配合，做了很多气候变化和草原生态方面的研究。林而达身在北京，经常参加国际气候谈判，掌握最前沿的学术发展动态。江村旺扎在基层，教师出身，从政后一直做到了那曲地区副专员，2014年从政府转到那曲地区政协当了主席。在林而达看来，研究气候变化不能缺少藏北高原这个至关重要的环节，江村旺扎可以提供实地研究的多种便利。对于江村旺扎来说，地方政府也需要更好地了解气候变化对于那曲地区的影响，以

◇西藏那曲地区行署副专员江村旺扎
2009年6月　安塞岗拍摄

气候 到底怎么了

及如何应对气候变化。这样的科研，学以致用，实践性很强。两人的首项合作是对那曲地区的草地退化现状进行了遥感监测。结果表明，截止到2004年，那曲地区退化草地面积达到3.2亿亩，约占草地总面积的一半；其中，重度和极重度退化草地面积超过0.6亿亩。这一下，家底摸清楚了。在此基础上，双方共同制订了那曲地区的草地生态功能区划。这也是西藏第一个地区性的生态功能区划方案。

在研究的过程中，江村旺扎曾经提出了一个问题。林而达教授一时没有回答上来。

江村旺扎得知，韩国学者在韩国找到了青藏高原飘过去的沙子颗粒。这件事情在他看来，恰恰说明青藏高原的生态太脆弱了。那么，什么导致了青藏高原脆弱的生态环境呢？工业化吗？西藏没有工业。

◇藏北高原上的那曲
　2009年6月　安塞岗拍摄

上篇　气候变化和我们的生活

◇中央电视台《与气候一起变化》摄制组在申扎县雄梅镇许龙三村的文化活动室拍摄 2009年6月

西藏一百二十多万平方公里上从来就没有工业。但是全球的工业化已经几百年了。这几百年的工业化给青藏高原带来了哪些影响呢？江村旺扎觉得这是一个大问题。如果青藏高原变成沙漠，不要说亚洲，整个世界都会有很大的影响。

六七年前，江村旺扎带我来到那曲地区的申扎县。这里有个湖泊，叫色林错，也叫奇林湖。在藏语中，错就是湖。色林错湖面海拔4530米，是全世界最高的咸水湖之一，也曾经是西藏第二大湖，面积仅次于纳木错。三十多年来，色林错扩张了五百七十多平方公里，如今的面积达2200平方公里，相当于香港陆地面积的两倍。色林错的排名也上升了，成了西藏第一大湖。

我们赶到色林错的时候，已近黄昏。宁静的草场、碧蓝的湖水、

◇那曲地区的色林错
2009年6月

柔和的夕阳,以及湖中心那一弯月牙形状的小岛,让每个人瞬间忘了高原反应,沉浸在大自然的宁静、安逸与和谐之中。但是对于湖边的牧民来说,美丽的色林错并不友好。持续上涨的湖水淹没了操场、房屋、牲口圈和暖棚。牧民只能不断搬家。

去色林错之前,我们先到了申扎县雄梅镇许龙三村的文化活动室。2006年,申扎县拨款,在色林错湖边修建了一个文化活动室。不到两年,活动室被湖水淹没。2008年,县里再次拨款,重修了一个。我们到达这个活动室的时候发现,屋子后面不远就是湖水。这才一年多,又快被淹了。

村长布嘎经常和村民在活动室聊天,商量村里的事儿。布嘎说,2002年县里和乡里设立了观测铁杆,观察湖水。铁杆显示,湖水每天上涨高度达10厘米～15厘米,往外扩涨十到十几公尺。2003年9月份,奇林湖堤决口,当时决口的声音非常大,很严重,决口当天就淹没了1.5万亩草场。许龙三村有73户人家,9户人家的房子被湖水淹了,四十多人遭灾。

在江村旺扎眼中,这是气候变化最直接的结果。全球变暖导致冰雪融化,下山的水多了,湖泊面积自然扩大。对于政府和百姓来说,房子、草场、牲畜暖棚瞬间被淹没,

◇申扎县雄梅镇许龙三村村长布嘎
2009年6月　安塞岗拍摄

过去根本想象不到。人们措手不及,却需要马上适应。近十年来,色林错的湖水继续上涨,灾害越来越明显。色林错是咸水湖,湖水淹没了自然饮水点后,牧民和牲畜的饮用水受到威胁。喝了矿物质含量过

气候到底怎么了

◇ 江村旺扎在藏北高原上接受采访
　2009年6月　赵怀燕拍摄

◇ 矿物质丰富的湖水颜色鲜艳
　2009年6月

高的水，当地居民的地方病增多，牲畜也出现腹泻、膘情减弱等情形。

回到拉萨，我来到自治区气象局，找旦增顿珠副局长询问色林错扩张的科学解释。旦增局长说，的确是气候变化造成的。除了高山雪水融化加速以外，地下的永冻层也开始融化。地表和地底下的水都比

◇西藏自治区气象局副局长旦增顿珠讲解气候变化的影响
　2009年6月　安塞岗拍摄

原来多了，造成湖面大面积的扩张。旦增副局长指着办公室墙上的卫星遥感图说，这不光是色林错的问题，西藏中部很多湖泊都存在同样问题。西藏海拔高，升温效应比低海拔地区显著。而西藏几乎没有工业，温室气体排放对全球变暖的影响微乎其微。

至于外国几百年的工业化给青藏高原带来了哪些影响，这个问题中国科学院青藏高原研究所的康世昌教授解答了。目前，青藏高原的冰川面积是9500平方公里，每年减少181平方公里。过去30年，青藏高

原冰川面积退缩了15%。冰川萎缩的原因主要来自气温和降水的变化，这是全世界冰川退缩趋势的共同原因。青藏高原研究所拉萨分部的大楼里有一个冰库，里面存储着大量从各处冰川采集来的冰芯。冰芯里存储的信息可以解释长达几百年，甚至上万年的气候变化过程。通过研究冰芯，可以看到历史的大气成分是什么样的，以及大气层的污染是如何变化的。康世昌说，分析这些信息和数据，可以得出结论，造成青藏高原升温的温室气体一定是外来的。

◇迟早会被淹没的草地那曲地区色林错湖边 2009年6月

　　说得直白一点，西方工业革命以来排放的大量温室气体，就是导致今天全球变暖的最主要原因。青藏高原是全球气候变暖最典型的受害地区。

上篇　气候变化和我们的生活

上海可能被淹没？

世界权力中心如何转移，是国际政治研究的焦点之一。世界中心在21世纪转向何处？是中国学者乐于探讨的课题。有个著名学者说，转移到中国，可以肯定。在北京还是上海，目前还没有定。

要我说，还是北京吧。万一上海被水淹了呢？

听上去耸人听闻，但绝不是空穴来风。站出来拉警报的都是大人物，政治家、科学家、外国人、中国人，都算上。

2006年，美国前副总统戈尔在电视专题片《难以忽视的真相》

◇上海是一座和水关系特别密切的城市
　2013年4月　丁扬拍摄

(An Inconvenient Truth)中担任主角,讲解气候变化的影响。片中演示了全球升温、南北极冰层融化的后果——海平面升高,全世界海滨城市遭殃。上海、加尔各答被洪水淹没,佛罗里达州、纽约的大片土地处于一片汪洋之中。

2009年11月,中国科学院、世界自然基金会(WWF)等机构联合发布《长江流域气候变化脆弱性与适应性研究报告》。报告说,上海沿海海平面30年来上升了115毫米,高于全国平均的90毫米。崇明东滩、浦东临海的很多地势低洼地区,呈现"陆地面积越来越少"的趋势。报告负责人、复旦大学王祥荣教授对记者说:"如果不采取相应措施,上海的部分生态脆弱区可能会遭受致命一击,可能面临不同程度被淹没的危险。"

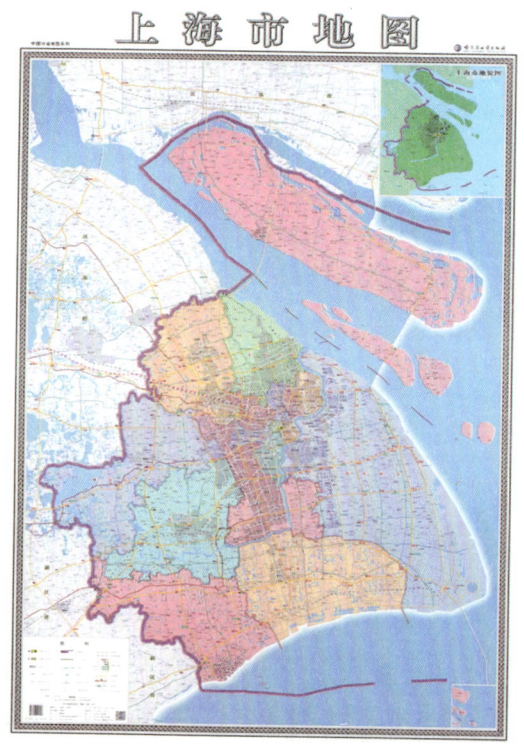

◇上海市地图

我在央视工作了20年,出差最多的城市是上海。我喜欢这座城市的整洁、便利和时尚。真要淹了,怪可惜的。气候变化到底对上海有多大影响?为了弄清这个问题,我下了一番功夫,采访了很多官员和学者。到头来,这个事情,上海人已经搞清楚了。套用上海水务局领导的一句话,上海"因水而生,因水而兴,得益于水,受制于水"。

上海 下海

上海，浓缩着梦想和现实。现实是当下，梦想是未来。未来从何而来？是规避风险后现实的延伸。从气候变化的角度来说，上海未来的风险来自于水。水，最能体现气候变化的影响。

你仔细看地图，从位置和环境上来讲，上海并不在海的上面，而是在海的里面。这座城市就像陆地向大海伸出的舌头，被大海包围。内忧外患因此而生。海平面上升是外患，地面沉降是内忧。地下水超采和高楼大厦密集，都会导致地面沉降。里边的地面下降，外边的海水上升，这一升一降，上海的防洪压力骤然增加。洪水的风险有多大？我们让数字说话。上海的平均海拔高度是4米左右，大部分中心城区的海拔高度在2米~4米。海平面会升到多高呢？我们再看看海里有多少水。

地球上的水，除了江河湖海，还存在几个大水库里——固体的水，冰川。冰川分为两大类，大陆冰盖和山地冰川。大陆冰盖是覆盖岛屿或大陆的壳。地球上现有两大冰盖，即南极冰盖和格陵兰冰盖，它们占有世界冰川总面积的97%、总体积的99%。山地冰川只占据着山顶和山坡的一部分及低洼地，它的规模比大陆冰盖小许多。

从水量来说，能对全世界海平面产生显著影响的是冰盖。全球变暖，冰盖融化，水就流到海洋里。海洋就像个盆子，体积有限，回流的水多了，盆里的水面就要上升。海平面上升，就是这个道理。距今大概10万年~13万年的时候，地球的平均温度比现在高两度左右，当时的格陵兰冰盖体积相当于现在的1/3。科学家用雷达对格陵兰冰盖的厚度进行了测量，并且换算出现在冰盖的冰量。如果格陵兰冰盖全部融化，世界海平面要上升6米~7米。上海市区的海拔是4米左右。6米~7米的海平面高度，意味着上海下海了。

这些数据不是我算出来的，我请教的是上海师范大学城市生态与环境修复重点实验室主任康建成教授。康老师多年从事冰川研究，足

◇康建成在北极执行科学考察任务
1999年　康建成提供

◇上海师范大学博士生导师康建成教授
2009年11月　安塞岗拍摄

迹踏遍地球三极——南极、北极和珠穆朗玛峰。我每次见康老师，他都拿着笔记本电脑。问到数据，他都要找到相关的文献，打开文件，用鼠标指出具体数字。学问之严谨，可见一斑。

海平面上升是一个缓慢的过程，但是趋势摆在那里，你还真不能掉以轻心。国家海洋局每年发布中国海平面公报。2014年公报有一个部分专门讨论上海。2014年，上海沿海海平面比常年高140毫米，比2013年高48毫米。海平面上升的影响是，长江口遭到严重的咸潮入侵，崇明岛自然岸滩遭到侵蚀。2014年2月4日发生的咸潮入侵持续了23天，是1993年以来最长的一次，上海市供水受到影响。

所谓咸潮入侵，就是海水倒灌。长江是上海的自来水水源，上海位于长江入海口。海平面升高了，海水倒灌进入长江，影响了自来水供应。此外，海平面上升还侵蚀了崇明东滩，岸段长度近三公里，总面积为1.28万平方米。通俗地说，这1.28万平方米的陆地，被海水淹了。除了咸潮入侵、侵蚀海岸，海平面上升还会加剧风暴潮灾害。因为高海平面抬升了风暴增水的基础水位，高潮位相应提高，风暴潮致灾程度加大。

《2014年中国海平面公报》预计,未来30年,上海沿海海平面将上升85毫米~145毫米。从全国来看,1980年至2014年,中国沿海海平面平均上升速率为每年3毫米。1971年到2010年,全球海平面的上升速率是每年2毫米。可见,中国海平面上升速率高于世界平均水平。

自来水和咸潮

上海缺水。

黄浦江和苏州河贯穿市区,长江经上海汇入大海。有这么多河流,上海怎么会缺水?

水多,不意味着水好。上海是典型的水质型缺水城市。

《上海水务》杂志2010年第3期上有一篇豆腐块小文章,题目是

◇黄浦江和苏州河交汇之处
　2010年8月

气候到底怎么了

"2010年上海自来水将可直接饮用"。如果你不是上海人,你能从字里行间发现这个超级国际大都市的水有问题。如果你是上海人,水的问题心照不宣。

目前上海的水源主要还是以黄浦江为主,长江为辅。黄浦江水虽达国家级要求,但和长江水比尚有一定差距。青草沙水库建成后,上海饮用水供水中长江水可达70%~80%。同时,由于水质提高一级,经过水处理后,108项指标都能达到2010年标准。届时只要输送管网安全,上海自来水就可直接饮用。

这段话告诉读者,2010年之前,上海自来水的主要水源是黄浦江,黄浦江的水质比长江差。差到什么程度呢?2010年11月25日的《解放日报》上有篇文章叫"青草沙水,那些你我最关心的事"。《解放日报》是中共上海市委机关报,其权威性不容置疑。这篇文章的开头说:"上海'十一五'重大工程——青草沙原水系统已基本建成……到明年6月中旬,约有1000万人口将率先用上优质的'青草沙水'。届时,上海合格水源严重短缺的局面将得以根本扭转。"仔细看最后一句,"合格水源严重短缺"不就是指黄浦江吗?说的直白点,黄浦江水质不合格。但是上海人喝的,一直是黄浦江水。

举个例子。中国第一座现代化水厂,杨树浦水厂,诞生在上海杨浦区,濒临黄浦江,就地取水。水厂1883年开始对外供水,英国人设计、修建,目前仍在运营。根据英商上海自来水有限公司1883年董事

◇ 位于上海市杨浦区的杨树浦水厂
　2009年11月

上篇　气候变化和我们的生活

会年度报告，水厂的取水口阀门打开时，晚清洋务运动领导人李鸿章"莅临指导"。水厂的取水口，在黄浦江下游。随着城市发展，20世纪80年代中后期，每天排入黄浦江的工业和生活废水达到500万吨。水厂的原水水质不适合饮用水水源的卫生标准。1987年，取水口上移，躲避污染。这次换水后，处理1000吨水的液氯耗费量，仅是先前的十分之一，最少的时候只需要2千克。但是，好景不长。10年之后，黄浦江上游工业发展，水质再次恶化。直到在长江中心取水的青草沙水库建成后，原水送到杨树浦，水质才大有改观。水质变好，处理过程中加的药就少了。光硫酸铝一项，就比原来少了五倍。

为了弄清水的问题，我到华东师范大学拜访了中国工程院院士陈吉余。1989年，黄浦江污染严重之际，陈吉余向市领导提出，从长江引水。谈到黄浦江的水质，88岁的陈老颇为感慨。他说，城市化带来一系列的问题。城市人口增加，供水量就要大量增加。改革开放，上海是龙头。这些年来，上海的用水量直线上升。"我们过去靠太湖水，靠黄浦江水，现在80%还是黄浦江水。尽管黄浦江污染的很厉害，但是我们还要。"说到这里，陈老的脸上流露出几分尴尬，几分动情。

◇中国工程院院士陈吉余
　2009年11月　安塞岗拍摄

气候 到底怎么了

后来我了解到，陈老1989年提出长江引水之际，政府有关部门已经决策以黄浦江上游为新的水源地。1990年夏天，陈老顶住压力派助教实地调查，发现取水处的鱼和底栖生物全死了，污染十分严重。他继续向市里反映情况，上海市政府最终决定从长江引水。于是有了今天的长江青草沙水库，黄浦江水不再是主要水源。

既然长江水对上海如此重要，咸潮入侵就不能掉以轻心。如果海面继续上升，城市淡水供应的形势将更加严峻。上海地处长江出海口，历来是长江三角洲地区受咸潮危害最严重的城市。几十年来，咸潮一直困扰上海的用水。1978年的咸潮不仅侵入长江口，还进入了黄浦江，导致崇明岛被咸水包围近100天。陈吉余老先生回忆起当年的情形时说："崇明岛几十万人吃水都是吃的咸水，炒菜可以不放盐的"。2006年10月24日的咸潮来袭，造成了浦东新区的日供水量减少1/4。最近比较严重的一次是2014年2月，长江口水源地遭遇20年来持续时间最长的咸潮入侵。上海市陈行水库、青草沙水库取水口从2月3日开始，氯化物浓度持续超过国家地表水标准250毫克/升，最高超过3000毫克/升。这次咸潮入侵历时23天，200多万人口受到影响。

外滩是道防汛墙

黄浦江横贯市区，是上海的母亲河。这是一条有故事的河流，都市的千姿百态在两岸交错林立。但是对于市政工作来讲，黄浦江带

◇黄浦江贯穿上海市区
2010年8月

◇外滩是道防汛墙
　2010年8月

◇20世纪20年代的上海外滩
　上海市档案馆提供

气候到底怎么了

来的压力多于浪漫。它上接太湖,下通长江口,是泄洪通道和排水出路,更是城市防汛的重点。

上海市水务局分管防汛的副局长叫刘晓涛,他用16个字概括上海与水的密切关系——因水而生,因水而兴,得益于水,受制于水。上海滨江临海,地势较低,当地的四大类自然灾害都跟水有关——洪水、暴雨、台风和高潮。这四种自然灾害,几乎每年都要碰到。拿黄浦江来说,它受潮汐的影响非常明显。潮水通过黄浦江上溯进入上海的市区,增加了防汛的压力。上海采取的应对措施是不断地加高加固防汛墙。从1988年开始,上海市中心城区的防汛墙加高了0.5米。不要小看这半米的高度,这项工程历时12年,花了14个亿。

市区的防汛墙在哪儿呢?有一段是所有游客必去的著名景点——

◇上海市南部奉贤区海塘局部
2009年11月

外滩。过年过节的时候,到外滩的游客每天超过100万,你看这段防汛墙多结实!沿黄浦江修建的防汛墙叫江堤,都是按照千年一遇的标准设防的。除了江堤,还有抵挡海潮的海塘。海塘的设计标准是200年一遇的12级大风。这两道防线,上海市税务局叫做千里海塘和千里江堤。陈吉余老先生跟我开过一个玩笑:"大雨下来,上海看不到什么水,为什么?泵加上去,水都打出去了。假设我们没有防洪墙的话,现在都是鱼鳖了。如果没有海堤,潮水一来,我们这里汪洋一片,上海就变成水泥柱子在水上漂洋了!"

这样的防汛形势,即使抛开全球变暖、海平面上升的因素,如果碰到台风,特别是梅雨期间加上台风,再叠加海水的天文大潮,黄浦江的水位要比江堤里面街道的表面高很多。如果此时江堤、海堤被冲垮,中心城区有30%~50%区域会泡到水里,水深50公分到1.5米左右。2008年8月25日,上海遭到百年一遇的特大暴雨袭击。一小时降雨量超过117毫米,破了徐家汇气象观测站一百三十多年以来的最高纪录。当时全市150余条马路积水10厘米~40厘米,1.1万余户居民进水5厘米~10厘米。公交、地铁、长途汽车、机场大面积停运、延误。我的一个上海朋友回忆起那天下雨的阵势,说"老天爷好像在天上泼水"。

如果考虑到海平面不断上升的因素,江堤和海塘的压力会更大。防汛墙不可能无限增高,为了防止潮水上溯,上海市水务局曾考虑效仿英国泰晤士河的经验,在黄浦江河口建闸。造价40亿。

升温之辩

半个世纪以来,上海城区气温上升了2.35℃,是全国同期升温的两倍之多,是全球水平的四倍。数据摆在那里,增温不容置疑。但是,为什么升温,科学家有争论。气候变化最直接的结果是全球变暖,气温升高。气候变化是不是上海气温上升的主要原因呢?有人说,不是。

气候到底怎么了

中国气象局上海台风研究所的陈葆德博士做了一个研究,很有意思,他使用了美国中央情报局(CIA)的数据。把CIA中国城市夜间照明亮度和城市增温数据叠加后,陈葆德发现,晚上越亮的城市,增温幅度越大。夜晚灯光亮度是城市化的标志,这说明城市化进程是增温的重要原因。由此,陈博士认为,上海升温的主因是城市化。他还有一个佐证,最近一次全球气温增长是从20世纪80年代开始,而上海增温速率最快是20世纪90年代。20世纪90年代正好和长三角的发展联系紧密。简单地说,城市里大规模盖楼的影响非常大,大到气温升高。

◇中国气象局特聘专家陈葆德讲解城市增温的原因
2009年10月 安塞岗拍摄

二三十年来,上海市旧貌换新颜。许多街道过去都是河流,比如洋泾浜、泥城桥。填平之后,高楼林立,热岛出现,气温升高。再比如,城市化过程中,原来的草地和农田变成水泥地了。虽然太阳辐射依旧,但是不同地表对热量的分配不一样。大太阳天,人走在水泥地上会感觉到温度很高、很干,就是这个道理。最好的例子是浦东。以前上海人说,宁要浦西一张床,不要浦东一间房。如今的浦东陆家嘴汇集了全世界最高的办公楼和最贵的公寓,已经是国际金融中心风范

◇上海浦东陆家嘴
2010年8月

了。你想象得出这块地以前怎么耕吗?

气候变化到底在上海升温中起了什么作用呢?说到底,气候变化是人类活动造成的。全球变暖的主因在发达国家,人家发展了一二百年,造成了世界平均温度的升高。国内城市化进程,本质上也是大规模的人群活动,造成了近几十年来局部温度上升。这两种情况都弄清楚了,应对起来才能对症下药。

首先,气候变化不是世界末日。气候变化,全球变暖,是指全球平均温度升高。但是平均温度,测量不到,是科学家算出来的。这一算,结果就会跟某个城市、某个地域的具体情况相差很远。所以,不必恐慌,但是要弄清情况。其次,二氧化碳能在大气中停留100年。已

气候到底怎么了

经排放的二氧化碳,你不能把它收回来。现在,二氧化碳的排放也不肯立即关停。影响已经造成了,明智的办法是减缓排放、适应气候变化。在这方面,每个国家、每个城市,根据自己的实际情况,可以做的事情很多。

世界充满了不确定性,科学家不是预言家。气候变化,改变的不只是温度、降水,还有人的心态。它提醒我们,眼前的问题、潜在的风险、未来的隐患,都要弄清楚。心中有数,才能应对有方。老话讲以不变应万变,肯定跟不上形势了。与气候一起变化,是面对未来最实际、最自信的姿态。

对于上海来说,这个向世界展示中国经济美好前景的超大城市,既是繁华的,也是脆弱的。借着气候变化,拉响大自然的警钟,没有坏处。

一个地球不同世界：瑞士阿莱奇冰川

我第一次实地考察冰川，是在瑞士阿尔卑斯山脉脚下。当地科学家带队，一边走一边讲解气候变化的影响。这次看冰川和后来去西藏拍摄冰川，感受截然不同。生活在冰川脚下的瑞士人过着不愁吃喝、无忧无虑的快活日子。从西藏回到北京后，多了一些不安。气候变暖的结果都是冰川加速融化，水量增加。但是在不同国家，后果不同。在瑞士，预防和减灾的基础设施好，没啥影响。水多了，水电站能多发电，效益好。在西藏，都是牧民，地广人稀，基础设施差。水多了，把老百姓房子淹了，政府得组织救灾。早在30年前，联合国世界环境委员会就喊出了"从一个地球到一个世界"（from one earth to one world）的口号，直到今天，发展水平高低仍然是不同世界的标签。

冰川融化没什么大不了

2007年6月上旬，我参加了一个记者采访团，从日内瓦出发，途经奥林匹克之都洛桑，深入瑞士南部的阿尔卑斯山脉，最终到达小镇莫雷尔（Morel）。莫雷尔是瑞士著名旅游胜地，附近有联合国教科文组织（UNESCO）认定的世界遗产——阿莱奇冰川。上山时，记者队伍中多了两个当地科学家。一个是研究地质的格林沃德博士，另一个是环境保护组织Pro Natura的负责人艾尔布莱齐。Pro Natura的总部在山顶上，任务是研究和保护冰川。

◇瑞士阿尔卑斯山脉的阿莱奇冰川。由于冰雪消融，冰川在以每年50米的速度后退，以前被冰川盖住山脉表层现在都裸露出来了
2007年6月

当两位瑞士科学家把我们带到阿莱奇冰川前时，我的第一感觉是震惊！宽阔的冰河与远山的冰雪连成一片，一条冰封的大河就凝固在眼前。这幅景色能让你想象到那曾经的奔流不息。"看，这就是气候变化。"艾尔布莱齐指着眼前的冰川开讲了，"从1860年到现在，阿莱奇冰川一直在后退。尤其是最近30年，消融速度加快了。冰川消融没什么不一般，历史上冰川后退、前进是常有的事。但是，1893年冰川后退了六米，2006年退了115米，这是一个世纪以来的最高值。不但冰川的长度缩短了，冰层的厚度也在降低。"艾尔布莱齐还说，阿莱奇冰川是阿尔卑斯山中最长的冰川，有23公里。由于冰雪消融，目前，它在以每年50米的速度后退。以前被冰川盖住的山脉表层现在都裸露出来了。

由于冰川是著名景区，很多游客都会在冰川前拍照或者绘画。如果你拿出多年前的照片和绘画进行实地对比，可以很明显地看出冰川在后退。另外，经常出入景区的导游也感受到了冰川的消融。以前进入冰川的小路都消失了，只好找新路。

研究地质的格林沃德博士则说，2.5万年前，整个欧洲被冰川覆盖。1.1万年前，欧洲的陆地才露出来。这说明气候变暖了。所以，历史上的气候变暖对人类有益。但是，按照目前的消融速度，2100年，陆地上所有的冰川都会融化。

◇阿莱奇ALETSCH冰川山脚下的阿莱奇旅店，冰川是当地旅游业的招牌。2007年6月

有记者问艾尔布莱齐，冰川消融有什么影响？他说："人人都来看冰川了！"好家伙，按照科学家的说法，冰川消融反倒促进了旅游业，来晚了就看不到了。这的确是个卖点。在旅游旺季，阿莱奇冰川能吸引五六万游客，大部分是外国人。促进旅游业发展在当地的确是件大事。比如我们这三十多个记者的接待单位就是当地的旅游协会，会长还特意请我们吃了一顿瑞士名菜——奶酪火锅。莫雷尔这个小镇

◇瑞士旅游业的标志——马特宏（Matterhorn）峰
2005年7月

上篇　气候变化和我们的生活

虽然是旅游胜地，但是没有采尔马特（Zermatt）出名。采尔马特号称冰川之城，那里有欧洲的"群山之王"——马特宏（Matterhorn）峰。正因为有了马特宏峰，采尔马特闻名世界，身价不菲。我们呆的莫雷尔小镇虽然也是旅游胜地，但是没有采尔马特闻名世界，因此当地旅游协会热情地接待我们这些来自世界各地的记者。但愿不断消融的冰川能让莫雷尔的旅游业红红火火。

冰川消融对当地百姓有什么影响呢？艾尔布莱齐说，"靠旅游谋生的当地人住在山的另一边，他们的生活没什么影响，他们也不来看冰川。"阿莱奇冰川体积巨大，如果全部融化，按照每人每天一升水的用量，它能供应全世界六年。各国记者一再追问冰川消融的负面影响，艾尔布莱齐笑着说："这附近的水电站能获利，因为下山的水多了。"天哪，这哪里是负面影响？！

◇瑞士科学家为印度记者讲解冰川后退的情况
　2007年6月

后来，科学家终于想到了不利影响，他说，全球变暖为高山旅游业带来挑战。由于冬季温度升高，德国的一些滑雪场只好移到更高的海拔。听到这，同行的印度记者对我说："我们国家那么多人连干净的水都喝不上，他们却让我们减排，就为了冬天上山滑雪少爬几米？他们把气候搞砸了，现在却让我们来收拾！"

陪同记者的另一位科学家格林沃德博士则提醒大家："冰川融化增加了自然灾害发生的机会，比如雪崩和滑坡。另外，如果影响了冰川的景色，旅游业会受到影响。"说来说去，冰川消融的速度并不惊

◇山顶上的旅游者,他们都是来看阿莱奇冰川的
　2007年6月

◇瑞士科学家与记者在山顶上聊气候变化
　2007年6月

人，所以当地人不太把它当回事。另外，瑞士监测、预报、应付自然灾害的能力很强，就是有了灾害，损失也不会太大。

采访期间，瑞士的高山牧场引起了我的兴趣。为了养牛，瑞士人不惜在海拔2000米的高山上砍树种草，兴建牧场。这么大的投入，如果没有政府补贴，产出的奶酪和牛奶绝对是赔本的买卖。20世纪80年代以来，瑞士的农业补贴占农业总产值的70%以上。不光有政府的慷慨资助，还有金融保险业护航。农民为奶牛买的保险中居然包括空中救援。牛是平原动物，在山上走路难免摔跟头。如果牛在山上受了伤、得了病，直升飞机就会把它们运到山下诊治，好了再送回高山牧场。这么优厚的待遇，恐怕比游客都好。

在欧洲，政府大力补贴农业是一种普遍现象，比如瑞士。根本原因在于政府对农业自给的重视。代价再高，政府也要保证农民的收入水平，推动农业经济发展。在莫雷尔小镇，旅游协会会长宴请各国记者的时候，曾经讲起了瑞士特色菜奶酪火锅的来历。每当大雪封山，百姓就把自家地窖里的奶酪、土豆、面粉和储藏蔬菜拿出来，做上一锅。原来这是救命饭啊！后来才演变成国家特色菜。这道菜的特色在于奶酪的味道，因为夏天的牛吃山上的草，放养。冬天的牛吃饲料，圈养。吃的不同，奶就不同，奶酪的味道自然不同。为了保持奶酪的天然味道，一定要有夏天放养的牛。至于怎么个不同，我吃不出来。

你想想，为了奶酪的天然味道，为了传承国民传统的生活方式和国粹制作工艺，再赔本，政府也要补贴农牧业。这要多雄厚的财力支撑？好在瑞士是世界上最富裕的国家之一，钟表、保险、银行业，哪个都比放牛来钱快。但是人家不忘本，反哺农业落到实处。

这看上去与气候变化无关，其实，农业适应能力是气候变化对人类的最大挑战之一。对于瑞士这样的发达国家来说，农业就业人数仅占总就业人口的5.4%。无论从产业结构、科技水平、还是资金支持来说，富裕的瑞士都有充足的资源适应气候变化。在发展中国家，特别是国民经济以农牧业为主的欠发达国家，农牧业人口应对气候变化的能力简直是天壤之别。

算算交通账

瑞士的火车像瑞士手表一样，以准时闻名于世。

在瑞士采访期间，各国记者经常乘坐火车。从莫雷尔回日内瓦的路上，我想去沿线的小城Martigny转转。我请教一个随行的瑞士记者，如何转车。他说，我夫人也去，让她带你。这位女士熟记时刻表，说，为了节省时间，我带你赶个时间差。我们只有一分钟时间换车，到时候你跟着我。到了转车那站，她带着我飞速下车，穿过地道，站上了对面站台。还没站稳，开过来一趟车。从下车到上车，也就一分钟的工夫。她说，火车进站和出站的时间跟时刻表上分秒不差。我经常走这条线，比较熟悉。一般的游客会按照售票员的建议，等下一班。

上了车，车厢里空荡荡的。我跟这位女士聊起了瑞士火车。她是个美国移民，喜欢瑞士，留了下来。瑞士火车准点、车厢干净，班次频繁，就是有些浪费。我坐了几次，发现空荡荡的时候居多。这位美国女士的观点是，瑞士人性格内敛，做事严谨，山里人的性格。火车是瑞士人的骄傲，为全体国民提供出行服务的公共设施，没有丝毫的马虎。至于是不是浪费，反正国家补贴，瑞士不缺钱，还创造就业。

我特意打听了一下，一家四口从日内瓦到巴黎，开车比坐火车要便宜得多。仔细想想，这件事不太对头。因为两种交通方式，坐火车肯定比开车排放少。我后来问了一个瑞士记者，他说，出于环保考虑，他每次出游都极力游说家人坐火车，但是最终仍是开车，原因不外乎经济、舒适、自由。

所以，欧洲人的环保意识很强，但是现实中很多环保的做法并不经济。再举个例子，欧洲许多大城市都掀起了环境友好的自行车运动，伦敦、巴塞罗那、斯德哥尔摩、里昂、阿姆斯特丹名列其中，但是深入持久的少。到头来，自行车不过是这些城市的点缀。城市道路情况、自行车租赁、维修、停放点的维护都是问题，时髦群众运动终究无法改变群众的出行习惯。

欧洲人并没有我们想象的那样环保。譬如，我在英国留学时的同学霍斯特，是个德国人。环保得冬天不开暖气，整天穿着厚厚的大毛衣。但是他却一个人开车从慕尼黑到布里斯托尔来求学。这绝不是因为飞机票贵，而是图方便、自由。这里就有一个生活方式偏好的问题。生活水平提高了，出行方式的选择也就多了。与方便、自由相比，环保和减排要往后放。

所以说，发达国家在制度设计和倡导出行方式上，并没有给发展中国家做出榜样。从发展中国家角度考虑，当我们在经济上追赶富国的同时，生活方式也在追赶人家。现在，中国高铁四通八达。四个人从北京到上海，开车比坐高铁要便宜得多。

我们不妨算一下。两地距离1200公里。走高速，不开快车，11个小时。过路费600元。百公里耗油10升，油费算600元，一共1200元。高铁二等座每张票553元，四个人2212元。1200和2212，坐高铁要贵四成。如果赶上节假日，高速路不收费，坐高铁要贵了近八成。坐高铁五小时，还要加上往返车站、等候的两三个小时。也就比开车省三个小时。

这其中的算计，不仅仅是经济账。更有行为习惯账，还有整个社会经济运行的模式和生活方式问题。真要把应对气候变化这件事情认真做起来，需要考虑的事情绝不仅仅是冰川融化谁受影响、谁该多出钱负责任这些问题。

2006年度诺贝尔和平奖获得者、孟加拉经济学家穆罕默德·尤努斯谈到气候变化时曾经警告世界："关键是生活方式。吸烟损害他人健康，对此人们达成共识并在公共场所禁止吸烟。生活方式中的浪费呢？"现在，富国的百姓享受了好几十年好日子，发展中国家的生活水平不断提高，老百姓也要享受工业化带来的生活便利。有什么理由不让我们享受呢？

在尤努斯眼中，购买高耗油的汽车与地球的生存法则背道而驰，"你怎么能在享受生活的同时让你的生活方式摧毁这个星球呢？这就像在木船上聚会时点燃了一把篝火。"

问题是，即使我们不买高耗油的汽车，如果人手一辆低耗油的小车，木船上的篝火不一样烧吗？

上篇　气候变化和我们的生活

西撒哈拉沙漠

孟子曰，天时不如地利，地利不如人和。这里的天时地利人和，都指的是作战条件。由此可见，气候是一种资源，战争资源。

1812年夏天，拿破仑集结60万大军远征俄罗斯，不到三个月就攻入莫斯科。之后，战事逆转，拿破仑向沙皇求和。沙皇不允，法军在严寒中撤兵，俄罗斯一路追赶。11月底，法军几乎全军覆没。天寒地冻帮了俄罗斯，这就是天时的厉害。

气候资源，打仗用得上，搞建设更少不了。中国老话讲风调雨顺，国泰民安。当代社会，科学发达得可以造人，老话中的道理丝毫没有落伍。2005年一场卡特里娜飓风，美国新奥尔良市汪洋一片，死了一千多人。那么强大、那么富裕的美国尚且如此，贫困落后的地方可怎么办？

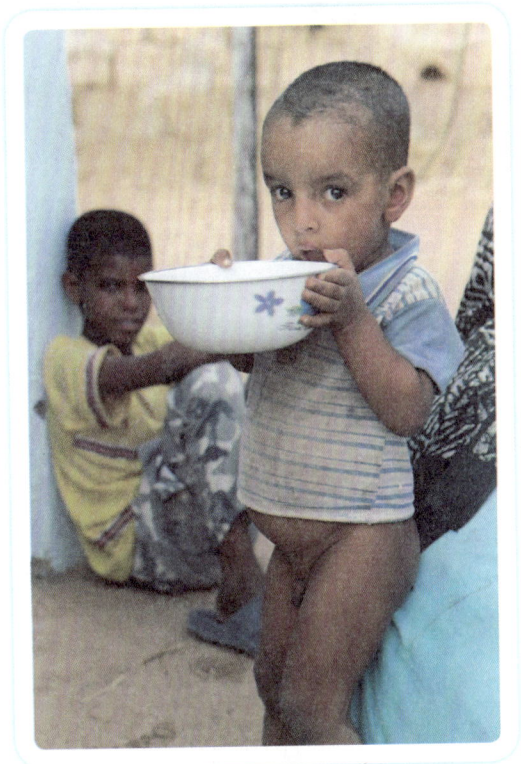

◇毛里塔尼亚沙漠中的喝水的小孩。
　2007年6月

2007年夏天，联合国开发计划署（UNDP）安排了三辆越野车，拉上了八个记者，用五天时间横贯"西撒哈拉沙漠"。此行目的，是追究气候变化对毛里塔尼亚（以下简称"毛塔"）的影响。1986年，联合国认定毛塔是世界上最不发达的国家之一。为什么不发达？老天爷不给力！常年旱灾，沙漠里不长粮食，2007年毛塔有一半人吃不饱肚子。

干旱和贫穷

非洲可以用4个D概括：destitute(赤贫)、disease(疾病)、death(死亡)、decadence(颓废)。4D标签不是我发明的，是一个非洲裔美国记者跟我闲聊时说起的。他说，改变非洲的4D国际形象，CCTV NEWS可以出把力。我当时不知道说什么好，因为我只去过毛塔，确实赤贫。

非洲很大，三千多万平方公里。这么大地方插一个4D标签，未免以偏概全。但是，非洲的确有1/3的地方不具备人类发展的天时和地利，那就是撒哈拉。"撒哈拉"是阿拉伯语"沙漠"的意思，这片不毛之地横贯非洲大陆北部，东西长5600公里，南北宽1600公里，面积超过900万平方公里，快赶上中国了。这片大沙漠气候极其恶劣，是地球上最不适合生物生存的地方之一。

毛塔位于西撒哈拉，国土面积的3/4是沙漠，很穷。用UNDP每年发布的人类发展指数（HDI）衡量一下，2007年毛塔在177个经济体中排137，中国在第81位。七八年过去了，这个国家没有什么起色。2014年，HDI衡量的经济体增加到187个，毛塔排名167。HDI是印度和巴基斯坦经济学家1990年开发的，取预期寿命、教育年限和生活水平三个指标的几何平均数。

毛塔地处西非，国土面积一百多万平方公里，比内蒙古小一些。临行之际，一个美国记者对我说，去了不用担心迷路，这个国家就一条

上篇　气候变化和我们的生活

◇驴是沙漠中的主要交通工具
　2007年6月拍摄

路。到了才知道,首都努瓦克肖特在海边,这条公路以首都为起点,一直往东,深入沙漠腹地。我们沿这条唯一的公路,五天走了2500公里。

沙漠里水是大问题。水从哪里来?一靠下雨,二靠打井。

下雨基本指望不上。沙漠气候,下雨本来就少。即使下了雨,水也存不住。

2007年前后,干旱是毛塔外债高筑的重要原因之一,30%的人口遇到季节性的食品安全问题。也就是说,由于常年干旱,庄稼缺水歉收,老百姓饿肚子。由于连年旱灾,整个国家70%的食品靠进口,大部分是援助。据该国卫生部和联合国儿童基金会的调查,2007年毛塔11%的国民受到严重营养不良的影响。调查人员走访了17个受灾严重的地区,发现五个人里就有一个吃不饱。

据我的观察,这项调查丝毫没有夸张。UNDP的工作人员把记者

◇沙漠村庄中的水井,水桶要用毛驴拉
2007年6月

上篇　气候变化和我们的生活

◇UNDP帮助当地人修建的蓄水池
　2007年6月

们带到基法市（Kifa）附近的山谷，我们沿着干涸的河床，踩着滚烫的石头一直走到尽头。万万没有想到，烈日下暴走一个小时后，终点只有残存的几株树杈和一潭死水。如果没有大石头挡住烈日，这点残存的绿色也撑不了几天。附近的百姓早搬家了，一个人影儿也见不到。UNDP的人说，干旱严重影响了百姓生活，而干旱的原因是气候变化。我倒是觉得这里的气候应该变化，再不变化人都要旱死了。

为了帮助老百姓解决水的问题，联合国在沙漠里资助了一些打井、抽水和蓄水的项目。沙漠下面的石头不存水,因此水井要打得很深。深井打好后,靠人力把水提上来太费劲,要用毛驴拉。为了节约用水,平时水井盖子都锁着。记者们来了,当地的村干部开锁放水,水井边一下子热闹起来。

联合国还搞了一些太阳能项目。以前,抽水用柴油泵,一次抽很多。一旦地下水超采,要很长时间才能恢复到之前的水平。安装了太阳能光伏电池后,发电功率小,水泵抽水速度慢,但是细水长流,并不影响蓄水池蓄水。对于小户人家来说,只要池子里有水,接根管子就可以浇地。花钱不多,简单实用。下雨的时候,还可以把雨水收集起来。一户有了蓄水池,就可以把几户人家组织起来,一起使用,提高水利基础设施的利用效率。大家一起种菜,比如土豆、胡萝卜、生菜、茄子,还有薄荷。用个好听点的词儿,这叫水资源管理。

虽然有了蓄水池,沙漠里的水还是很珍贵。居民热情好客,邀请我们品尝当地的茶,但是茶杯只有浓缩咖啡(espresso)杯那么大。由于茶里放了大量的糖和薄荷,指望它解渴完全不现实。好在我们自己备足了瓶装水。渴的时候喝,实在太热了,就一瓶从脑袋上浇下来。

在联合国官员的组织下,记者们跟当地的老百姓开了一次座谈会。老百姓说,水和食物是最大的问题。如果联合国继续搞扶贫项目,希望搞引水工程,太阳能帮不上大忙。我听到这层意思后觉得老百姓太天真了,他们高估联合国了。除了中国在非洲真刀实枪修铁路,盖房子,哪个国家大老远地给穷哥们搞基建?举一个简单的例子,毛里塔尼亚沙漠里老百姓烧水做饭的燃料是木炭。早在20年前,西方援助机构就建议用电,后来不了了之。因为如果好事做到底,不但要援建电厂,还要铺设输电线路、提供家用电器,投入太大。结果呢?二十多年来,植被破坏愈演愈烈,沙漠化越来越严重。烧炭就要砍树,沙漠国家树本来就不多,政府也规定了伐木制碳的指标,可是实践中执行不力。政府能不让老百姓做饭吗?

◇毛里塔尼亚人沏茶待客
　2007年6月

◇沙漠帐篷会
　2007年6月

气候 到底怎么了

气候变了，鱼不来了

靠天吃饭，毛塔得饿死。美国中央情报局（CIA）网站的数据显示，毛塔可耕种土地只占国土面积的0.2%，常年种植作物的土地不到0.1%，有灌溉设施的农田只有不到500平方公里。好在天无绝人之路。除了一望无边的沙漠，毛塔还有700公里海岸线。

多亏了这片海！毛塔的渔业是传统产业，也是国家支柱产业，更是政府财政收入的主要来源。首都努瓦克肖特在国家独立之前就是一个小渔村，只有二百多人。由于地处交通枢纽，法国殖民者把兵营

◇ 毛里塔尼亚首都努瓦克肖特城中的大清真寺
　2007年6月

放在这里。毛塔是古老的沙漠国家,游牧民族居多,习惯住帐篷,没有建造都城的意识。由于努瓦克肖特西邻大西洋,向东有几条道路通向主要城市,1957年被确定为首都。1960年国家独立后,第一任政府仍然在帐篷里办公。直到现在,首都也找不出几幢高楼大厦,平房居多。首都的标志性建筑,是城里的大清真寺。还能拿得出手的,就是中国援建的体育场和办公楼。

中国和毛里塔尼亚的关系,用官方的说法叫传统友谊。1965年建交以来,中国对穷哥们儿有求必应,慷慨大方。慷慨到人家的最大港口、总统府、总理府、国际会议中心、奥林匹克体育场、国家博物馆、铁路都是中国援建的。最值得一提的是友谊港——20世纪中国援建非洲的第二大工程,第一大工程是坦赞铁路。想想,当时中国"文革"刚结束,自己国家一团糟的时候派出专家和工人去那么遥远的地方修港口。一干就是五六年,这是什么交情!

友谊港1986年9月正式开港,绝大多数吞吐量是进口。没有这个港口,外援物资都进不来。后来的二十多年,友谊港北部淤积的泥沙不断向大海移动,形成大片沙滩,严重影响航道和港池水域通畅。毛塔政府再次向中国求助。中国就是仗义,不但援建挡沙堤、清淤,还扩建了两个泊位。增加泊位就是提高出口能力,因为渔业和铁矿石出口是毛塔两大支柱产业,这才叫授之以渔。

中国人对毛里塔尼亚的善意,当地人记在心里。采访的最后两天,UNDP带我们走进距离首都努瓦克肖特北部160公里处的渔村Mamghar。我在海边看见一个黑人正在收拾鲜鱼,便走过去拍照。他把鱼切开,里外抹上盐,放在沙滩上晒。然后挖个坑,把晒干的鱼放进去存储起来。我问他,鱼往哪里卖?他说过海,卖到欧洲。他问我哪里来?我说,中国。他竖起大拇哥,说CHAIRMAN MAO!(毛主席)接着摆了摆手,说欧洲人不好。

这个村子有150户人家,世代以出海打渔为生。村长对记者们说:

◇收拾、存贮海鱼的非洲人
2007年6月

气候 到底怎么了

"我们村有两千多年历史,没有毛塔的时候就有Mamghar。以前,毛塔有个谚语,'想打渔就去Mamghar'。现在鱼少了。"我们问村长,能感觉到气候变化吗?村长十分肯定说:"当然,天气冷的时候和暖的时候海里的鱼不一样。现在鱼不按着季节来了,总要晚两个星期。"这个说法挺有意思,可见气候变化对不同人有不同的含义。

毛塔有丰富的渔业资源,但是近些年来过度捕捞,再加上近海植物被破坏,沿海沙漠化愈演愈烈。村长说:"以前我们出海,肯定满载而归。如今在海上待一两天都可能捕不到鱼。20世纪80年代政府

◇渔船归来
2007年6月

开放渔业后，二三百艘带发动机的外国大船没完没了地捕鱼，从来不停。我们没饭吃只好向政府要救济，以前从没出过这种事情。"

过度捕捞是老问题了。为了保护渔业资源和生态环境，联合国教科文组织（UNESCO）和政府建设了沿海国家公园，Mamghar渔村在自然保护区里。按照规定，附近海域禁止带发动机的渔船和外国船捕鱼。但是没见渔民的生活有什么改善。采访快结束的时候，村长不断指他的脑袋。翻译告诉我们，他头疼，问我们有没有药。

转眼七八年过去了，我在中国驻毛塔的网站上发现一条新闻。2014年4月，中国在毛塔的最大投资项目——宏东渔业综合基地项目在毛塔第二大城市——努瓦迪布竣工，总统特地从首都乘专机赶来揭幕。这个项目是一个福建民营企业投资建设的，有6000平米冷冻仓

◇联合国教科文组织设立沿海国家公园的牌子
2007年6月

库、日加工300吨鱼产品的加工车间、制冰车间和渔船码头，总投资约两亿美元。这是毛塔国内规模最大、质量最好、产业链最完整的渔业项目，也是中国境外投资规模最大的远洋渔业基地，可以提供两千多人的就业岗位及100条手工捕鱼船。

看到这条新闻，我想起了沙滩上收拾鱼的黑人小伙子。沙滩上挖坑能存几条鱼？不如到这个基地打工，挣一份稳定的收入。

谈气候变化早了点

毛塔是《联合国气候变化框架公约》的缔约国。UNDP组织记者去毛塔采访，主要目的是让记者体验恶劣的气候条件对发展的约束。印度记者帕罗夫一路上跟我念叨，这里有什么气候变化？只有环境恶化！像毛里塔尼亚这样的穷国，工业化还没有开始，谈不上温室气体排

◇各国记者在毛里塔尼亚探讨气候变化对该国的影响
　2007年6月

放，更谈不上减排。如果说常年干旱是气候变化造成的，毛塔的主要任务是如何在脆弱的生态环境中生存、发展。

在欠发达国家中，生态环境恶化是普遍问题。没有工业基础，经济发展基础薄弱，只能向大自然讨饭吃，于是加重了沙漠化、土壤退

◇在沙漠中给放羊人拍照
　2007年6月

化、自然资源过度开采等等问题。譬如在毛塔的沙漠中，畜牧业是主要产业。改善生活就要多放羊。羊要吃草，羊多了，草就少了。过度放牧破坏植被，土地进一步沙化，荒漠化。

在这里谈气候变化，还不如谈谈脱贫。

中国富了，不要再装穷了

——英国NGO代表，2007年日内瓦

中国人开会，喜欢事前沟通。谈个八九不离十，再开会通过。所以，大会之前开预备会、工作会议。这样一来，捣乱的人上不了会。就是上会了，大家也有心理准备。国际会议其实也是这么开，但是碰上故意找茬的，你只能硬着头皮跟他顶。顶得次数多了，你会发现，有些人跟你在会上吵完了，私下特和气。这类人一般是非政府组织(NGO)的。他们开会的目的，是高调参与、极力表达。就靠这个吃饭。

我头一次遇到这类人是2007年6月份，在日内瓦参加联合国组织的气候变化报道活动。日内瓦是联合国的欧洲中心，也是各种联合国组织总部所在地，比如世界贸易、劳工、卫生、难民、知识产权、气象等等。这些组织都是按专业划分的机构，平时各管一摊。像气候变化这种问题牵扯面太广，不是哪一个组织能说清楚的。比如世界气象组织（WMO）一直在研究气候变化的成因并监测其发展，但是气候变化造成的生态恶化、人口流动、粮食短缺和公共卫生问题就需要其他组织参与。

英国人发难

报道活动的组织者是联合国国际减灾战略署（UNISDR）。UNISDR充分利用自身优势，用一网打尽的劲头，把联合国旗下跟气候变化沾边儿的各种国际组织都请到了，非政府组织也来了不少。大

上篇 气候变化和我们的生活

家一起讨论,讨论的形式叫panel discussion。台上坐几个人,每人说一通,亮出自己的观点,然后台下的提问。最好是吵起来了,越吵越热闹,越争越有料。对记者来说,这种讨论会信息量大,涵盖的热点多。看重了哪个采访对象,既可以会上直接提问,也可以一散会就"抓人"。

这样的讨论会开了五天,最后一天的议题是:政治家、消费者和媒体如何对待气候变化。我是被邀请坐在台上,一起上台的还有一个英国NGO代表。这个英国人发言攻击性很强,一听就是来找茬的。他说:"富裕起来的中国人到世界各地旅游时发现'中国制造'遍布全球,想购物都没的可买。因此中国不要继续伪装成发展中国家,应该积极承担减排指标。"

在减排问题上,西方一直敦促中国承担量化减排指标。因为中国虽然签署了《气候变化框架公约》和《京都议定书》,但是不承担任

◇UNISDR在日内瓦组织召开全球减灾大会,中国民政部派员出席
　2007年6月

何量化减排责任。2007年6月下旬，荷兰环境评估局发布报告，称中国超过美国，成为世界第一大二氧化碳排放国。按照中国的发展速度，温室气体排放只会增加，不会减少。对于西方国家来说，再怎么减排，排放老大不使劲，都白费。

英国人的发言，说得通俗点，就是中国人占了世界贸易体系的大便宜，富了。不要再装穷，有能力要多做公益，为全世界公共利益承担责任。本来他说的没什么大不了，西方人都是这个观点。但是说什么装穷，就有点伤害民族感情了。再说，外国人还真不了解中国的复杂。我得给他讲讲。

我说，来中国的老外也就是在北京、上海、广州、西安这些大城市转转。全世界大城市都差不多，但是大城市代表不了中国。你弄个车，从北京天安门出发，随便往北、西、南三个方向开100公里，对比一下中、美、英三国的农村公路，再仔细瞧瞧中国农村里什么样儿，我保证你不敢说中国人富了。

其次，"中国制造"遍布世界不假，但是MADE IN CHINA应该改成MADE BY CHINA，因为大多数"中国制造"贴的都是外国商标，品牌的丰厚利润是你们的，我们干的是力气活，挣个辛苦钱。还有，中国人出国的确好买奢侈品。但是，中国人亲戚朋友多，出趟国集中消费，所以显得购买力强。从境外购买力上衡量中国人的富裕程度，有水分。

对于MADE IN CHINA这件事，我体会很深。2004年在英国留学的时候，英国报纸上曾经对中国人的"富裕"大惊小怪、冷嘲热讽。牛津附近有一个奥特莱斯工厂店。中国人喜欢买CLARK鞋，这个牌子是英国的，但鞋都是中国造。英国市场上的品种要比中国丰富得多，便宜得多，所以中国人到了英国就对这个牌子进行扫荡。再加上同胞们大多集体出行，语言不通。一有蜂拥而至的情况，商店里的秩序就像发了洪水后的村庄。店主为了维持秩序，只好增聘保安，专门对付中国人。

我特意打听了一下鞋的出场价格。一位英国记者告诉我,她闺女是设计鞋的,大部分时间在广东东莞工作。世界上的鞋,绝大多数是MADE IN CHINA。别管什么牌子,出厂价不会超过100块钱。最近几年,原材料成本上升。但是2015年5月份,我带领央视非洲分台外籍雇员参观东莞制造业,附近商城的国际品牌打折鞋还是一百多块钱一双。

扣除原料、人工、厂房,你说中国人挣了多少钱?

争论是活跃气氛的最好途径。我说完以后,现场立刻活跃起来。印度和斯里兰卡记者开始助战。在承担减排责任上,发展中国家和发达国家的分歧是显而易见的。全球变暖说到底是发达国家捅的娄子,你先发展、先排放,过上好日子了。现在跟我们讲大道理。我们凭什么听你的?我们凭什么不能过几天好日子?

打个比方,地球村里有个饭馆。地主常来吃饭,顿顿鸡鸭鱼肉、鲍鱼龙虾,花样翻新,可劲儿造。过了一阵子,长工攒了几个钱,也来吃饭了。富人说,我告诉你们,那些东西我们吃了很多次,对身体没好处。你们还是吃青菜豆腐吧,健康。

凭什么呀?!

西方文明是个好想法

几天的会议中,发展中国家和发达国家在减排责任上的矛盾一直是绕不过去的话题。特别是中国、印度的记者经常反击。要发展,必然经过工业化,工业化就要烧煤、烧油,就要排放。总不能因为气候变化不让发展中国家工业化。有一次讨论中,联合国开发计划署(UNDP)的一位官员出来打圆场。他说,发展中国家应该注意经济发展质量,不能走西方工业化的老路。

这个人是UNDP日内瓦办公室负责传播的副主任法布雷(Jean

Fabre)。说起他,还有一段趣事。法布雷是法国人,但是一度担任意大利共产党总书记。有一次意大利国家领导人召集各党领袖开会,发现意共的头儿是外国人,觉得不妥。哪个国家没点秘密,你一个法国人哪能掺和意大利的国家大事?于是法布雷丢了党的领导职务,几经辗转,跑到联合国混饭吃。

法布雷特意跟记者们批判了西方发展模式的弊病——通过创造消费需求来拉动生产。他曾经在一家世界闻名的家用电器公司工作,公司有个部门负责开发消费需求,其实就是开发新产品。法布雷觉得很多人为制造的消费需求根本没有必要,却浪费了大量资源。比如频繁更新换代的手机,时尚得让你刚买了一个就发现新款即将推出。所以,时尚的本质就是下一个更时尚。法布雷说,这大概就是一种先进文明吧。

说到这里,法布雷讲了一个甘地的故事。一个记者问圣雄甘地,您怎么看待西方文明?甘地说,That's a good idea。这句话翻译成中

◇伦敦市中心街头公园里的甘地铜像,甘地年轻时曾在伦敦大学学习法律 2009年3月

文白话应该是，别跟我扯什么西方文明，最多是个好主意。20世纪早期，甘地就意识到，如果印度按照英国的发展模式实现现代化，地球将不堪重负。他号召印度百姓驱逐现代西方文明、反对金钱至上和对物质享受的追求。

提到了甘地，顺便说几句西方的现代文明。18世纪和19世纪是欧洲霸权的天下，全世界都是欧洲的地盘。得实惠最多的是英国，号称日不落帝国。英国人有种说法，英国人创造了现代世界。站在他们的立场上，这话有道理。人家曾经统治全世界，当然在全世界复制自己国家的治理模式。但是，落后的被欺负，同样是真理。贩卖奴隶、武力开拓殖民地、掠夺原材料、加工成商品后再向殖民地市场倾销。西方文明没有这本致富经能蓬勃到今天？时间长了，这段劣迹也就没人提了。就像大富翁的发家史，真正能摆到桌面上的，恐怕没几个。

西方经济发展得早，认识上也不断领先。环境保护还是西方先提出来的。但是，这次需要全世界合作了，没有发展中国家配合玩不转了。那你讲点礼貌吧，不行。来不来讲大道理。谁听你的？！

首先，你自己也不十全十美，给你挑毛病并不难。仔细审视欧美发达国家的消费模式和环保意识，你会发现，当两者发生冲突时，占上风的不是有利于全人类的绿色思维。早在千年之交，80%的美国人、2/3的欧洲人就认为自己是环境主义者。然而，事实告诉我们，"绿化"每个人的消费模式任重道远。美国早在克林顿政府时代，就曾打算针对石油和煤征收碳税。但是，老百姓和能源企业老板反对，计划泡汤。老百姓当然支持环保事业，尤其是口头上。不过一旦环保干扰了日常生活和切身利益，哪怕是一点点，阻力必然出现。再举一个例子，十多年前，英国航空公司曾倡议乘客买机票时多掏几个钱，以弥补自己旅行造成的碳排放，结果却是有人喝彩、无人响应。问题的症结还在于大多数人不能适应环保的生活和消费方式，这是一个世界通病。

其次，为什么西方先提出保护气候？因为发展阶段不同，他站着

气候到底怎么了

说话不腰疼。20世纪70年代后期,发达国家陆续达到温室气体排放顶峰。欧盟有些国家80年代达到,美国比较晚,2005年达到。日本也是在2005—2007年这个阶段达到排放峰值。发展中国家呢?中国2014年底宣布,争取2030年左右二氧化碳排放达到峰值。这就是为什么欧洲人率先提出保护气候,但是美国人不积极。中国人要保发展,自然不能承诺太早。

保护世界气候,减缓全球变暖,对于发展中国家来说的确是一个先进的理念。但是,同时不容置疑的是,西方人之所以先提出这个理念,是因为意识到自己的路并没有走好,如果发展中国家顺着这条路也走过来,大家都完蛋。

问题是,刚上路的发展中国家没有别的路可走。譬如中国人,准确地说是一部分中国人,刚过上两天好日子,买了车,买了房。小汽车哪辆不烧汽油能跑?不烧煤,盖楼用的钢筋从哪里来?外国人让中国减排,中国人当然不干。咱们比比,谁的小汽车烧油多?谁住的房子大?你怎么能指望中国人在减排上领头呢?娄子是你捅的啊?

中国人自己的主意

跟外国人辩论的时候,这些话都用得上。但是,外国人不挑衅的时候,还是少说为佳。毕竟同住地球村,大家的事情都得出把力气,关键是求个公平。

中国的发展真是太快了。2007年跟英国人辩论的时候,中国GDP排世界第三,不到美国的1/4。2010年,中国超越日本,跃居世界第二。2014年,中国GDP已经接近美国的60%。按照这个速度,超过美国指日可待。再说不富裕,总量和势头摆在那里,越来越说不过去了。

另外,最近几年,中国的汽车数量猛增。2009年,中国生产汽车1379万辆、销售1364万辆,产销量均超过美国,成为世界第一汽车大国。这得烧多少油？中国房地产市场蓬勃发展，盖了那么多卖不出去的房子，这要消耗多少建材？真是应了马克思的那句话："工业较发达的国家向不发达国家所显示的，只是后来者未来的景象。"这句话写在《资本论》序言里，快一个半世纪过去了，仍然没有过时。

我们不妨拿北京堵车的事情做个例子。我几乎每年都去上海，上海人为自己的城市自豪，很少听到他们称赞首都。只有一次，出租车堵在路上，司机却对我说："我们这里比不了你们北京咂，你们那里很堵车咂！"首都变首堵，全国人民都知道。可是你仔细看，上班高峰期间，多少小汽车里只有一个人？你想让这些刚富裕起来、追求生活质量的白领改变生活方式，他们宁肯堵在路上，也不会去挤公交！

在日内瓦，一个资深西方记者曾经说："我真怀念小时候。大家一起坐公交车上学，车上充满欢笑。现在每个人开一辆车，简直缺乏理智。"他这话是说给我们这些发展中国家记者听的。西方人可以给我们讲大道理，我们也会讲，但是我们给谁讲呢？击鼓传花，没多少人可以传了。

所以，现在讨论减排，对内对外，立场都要坚定。对外铜墙铁壁，西方国家不要推卸责任，你们带个好头。对内苦练内功，不减不行了。

从小风机到大风电

中国风电发展真快!

2012年底,累计装机容量占全球市场的23%,一跃成为世界第一。最近两年,更是一路遥遥领先。2014年新增装机容量占全世界一半,累计装机容量占世界1/3。

别看装备了这么多风机,很多用不上。电网说,风电多了,我承受不了,无法接纳,术语叫弃风。电网是联系电源和用户的纽带,风电上不了电网,风机就没有用武之地,成了景观建设。国家能源局的数据显示,2015年上半年全国风电弃风电量175亿千瓦时,同比增加101亿千瓦时;平均弃风率15.2%,同比上升6.8个百分点。千瓦时,就是我们通常说的度。175亿度电有多少呢?上海2015年7月份的用电量是134亿千瓦时。注意,7月份是盛夏,用电高峰月。全中国浪费的风电产能可以让大上海在炎炎夏日中运转一个月零十天。

为什么会发生这种事情呢?我们暂且不表。先讲讲小风机的故事。小风机不用接电网,发点电都能用上,很实惠。

内蒙古路遇小风机

中国规划了九个大型现代化风电基地。南方只有江苏一个,剩下的都在北方。其中内蒙古风能资源技术可开发容量超过1.5亿千瓦,占全国陆地风能资源储量的半壁江山。2009年内蒙古风电并网装机容量已超过500万千瓦,占全国的1/3。风能资源和风电并网装机均排名全国第一，被国家确定为"风电三峡"基地。这一年9月，我带摄制组辗转于内蒙古主要风电场，寻找风电故事。

从包头往北150公里是白云鄂博。白云鄂博和达茂旗连在一起，是全国主要大风区，年平均风速5.5米/秒，最大风速26米/秒。从风的等级上来说，5.5米/秒的风速叫和风，能吹起地上的尘土。26米/秒的风速叫狂风，能拔起大树。出了包头往北走几十公里就是一望无际的大草原，地广人稀。稍微在公路边站一下，你就能感觉到大风呼呼地吹过。

内蒙古北部风电建设力度很大，一路上满眼都是硕大无比的风机。猛然间，路边冒出一个相貌丑陋的小风机。我问司机，到哪了？他说，乌拉特中旗。我说，停车，去看看小风机。

小风机只有两个叶片，是牧民自己装的，就在自家屋子

◇内蒙古达茂旗风电场内的大风机

◇内蒙古乌拉特中旗公路边牧民自己安装的小风机
2009年9月

◇吉仁古日巴的羊群
　2009年9月

◇博洋公司生产的50瓦小型风力发电机和农机
　2009年7月

后面。这个牧民叫吉仁古日巴,年过半百。他说,1993年装了这个小风机,花了850块钱,看电视用得上。还可以照明,给手机充电,有时候碾谷子也用。我一算,850块钱,已经用了16年,虽然形象差点,但是实惠。我又问了一下村子里的情况。吉仁古日巴说,村子里五百多人,大多安装了小风机。这个地方地广人稀,以前不通电,有个小风机很实用。我走进他的房子,发现风机连着蓄电池,用不完的电可以存起来。但是,大风机用不了蓄电池,因为成本太高,所以风电场的唯一出路是上网,通过输电线路把电送出去。

见到吉仁古日巴的小风机之前,我就听说过小风机值得推广。在呼和浩特，我去过自治区政府科技厅。一个处长介绍，您别仅仅关注大风电，在牧区小风机有优势。造价低，很实惠。科技厅曾经把它当成扶贫工程，对小风机制造企业加以扶持。这个处长特意推荐了一个民营企业，让我去看看。我跑了一趟这家小企业，公司很小，由于小风机利润少，公司主打产品是农机，比如土豆播种机和收获机。

小风机不仅在北方地广人稀的牧区、边防哨所用得上。南方的渔船上、小岛上同样有用处。广州有一个专门从事小风机研发生产的红鹰能源科技有限公司，老板俞红鹰带我参观了他的厂房。余总说，我们国家对外援助项目中就有小风机。比如印尼，号称"千岛之国"。那么多小岛，怎么可能电网全覆盖。没有电网的地方，送他们小风机，造价不高，还解决实际问题，老百姓高兴，还帮了当地政府的大忙。余老板的主打产品是路灯系统，就是路灯上安装小风机和太阳能电池板，连着蓄电池。这种风光互补系统把太阳能和风能发电存在蓄电池里，晚上供路灯照明使用。对于政府来说，新能源路灯既是市政工程，也是形象工程。

◇红鹰公司员工组装小风机
2009年11月

气候 到底怎么了

马兰风电场的兴衰

风力发电机能运转多长时间？

我去过山东荣成的"中国第一座风力发电场"。三台丹麦进口的风电机，从1986年5月一直转到2010年底。24年。如果当年维护得当，这三台风机转到现在也没有问题。

最熟悉这三台风机的人叫刘鉴昭，原来荣成电业局主管生产的副局长。1985年，山东省政府和航空工业部从丹麦购买了四台维斯塔斯（VESTAS）风力发电机。这四台风机当时在世界上属于比较先进、

◇山东荣成马兰风力发电场
  2009年7月

上篇　气候变化和我们的生活

◇原荣成电业局副局长刘鉴昭
　2009年7月

技术成熟、而且容量最大的产品。其中三台落户在荣成的马兰湾，中国第一个"引进机组、示范性"风力发电场由此诞生。为了做好三台洋风机的安装和维护工作，1985年底，刘鉴昭和四位同事被派往丹麦维斯塔斯公司接受风电技术培训。1986年5月份风电场投入运营后，刘鉴昭一直负责维护和保养，直到退休。

◇荣成环海公路边望不到头的风机
　2009年7月

荣成位于山东半岛最东端，三面环海，风力资源极其丰富。这里是中国最早看到日出的地方。刘局长是土生土长的荣成人，说话胶东口音很重，也很实在。他一边带我看风机，一边说，附近有个景点叫成山头，三面环海，景色很美。朱导要不要看一下？我说，看啊。刘局长说，成山头又叫天尽头，眼前是大海，没有路了。

正是因为天尽头的地理位置，荣成的风资源非常丰富。环海公路一眼望去，全是风力发电机。由于大力发展风电，荣成并网的风电已经超过了火电，居民用电的一半来自风电。但是30年前修建马兰风电场的时候，政府定的调子是"学习技术、积累经验、便于推广和旨在实用"。那个时候，中国根本不掌握大中型风电技术，所以花17万美元买了四台世界先进的风机。这四台风机都是11千瓦，当时中国在边远地区推广的小风机也就是50瓦～100瓦。引进千瓦级的风机花了地方政府不少钱。1985年中国人均GDP是858元，2014年是46531元。30年，增加了五十多倍。17万美元在1985年折合人民币37万人民币，如果按50倍计算，的确是一笔巨款。

30年前山东省政府为什么要用有限的外汇购买四台世界一流的风力发电机呢？这是世界大背景和中国特殊发展阶段决定的。20世纪70年代，出现世界能源危机。说到底，是阿拉伯国家用石油制裁了发达国家。全世界突然醒悟了，原来能源是这么可怕的武器。于是，能源独立的重要性凸显，新能源开发成为热潮。

80年代初，中国开始改革开放。经济建设需要电力做后盾，但是全国电力供应紧张的局面十分严重，山东深受其害。这个时期，我国也在研发风力发电，最初主要目的是解决牧民人畜饮水及发电照明问题。虽然一大批小型风力发电机在草原、大漠和边远地区得以推广，但是中国的风能研究始终处于起步阶段，工业化应用、大规模发电的方法始终没有找到。

在这样的大环境、小环境下，山东省政府决定动用有限外汇，引进国际一流设备,搞示范性风电场。目的是借鉴国外先进经验,填补国内空白,探索中型风力发电机生产和应用的实际出路。

马兰风电场的设计使用寿命是20年。2006年,三个风机转到20年的时候,一个风机叶片开裂,停运。2009年8月,荣成电业局邀请维斯塔斯公司的技术专家对风机进行大修。刘鉴昭回忆,费用都是维斯塔斯出的,连现场的矿泉水都是人家买的。风机修好后,又转了一年多。

20多年间,马兰风电场接待了海南、内蒙古、广东南澳等地近20个业内考察团和40所高校、研究机构的学者。中央和各地政府的官员和领导更是不计其数。示范性风电场的目的完全达到。从经济效益上来说,风电场建设最初就不以盈利为目的。但是运营到第七年开始盈利,利润三万多。之后运行的17年,发出的电都是盈利,经济效益没的说。

2015年8月底,我给刘鉴昭打了一个电话,问他马兰风电场最近的情况。他说,风机还在,就是不转了。他告诉我,当年建设风电场的文件他都仔细地保存着,如果想拍个片子随时可以找他。2009年维斯塔斯派专家维修风机之后,刘局长接受了《中国电力报》记者的采访。他对记者说:"我爱人在风机旁种了点花生,好让我在退休后定期到风场看看。23年了,每年检修时,我都要抱着塔架听听声音是否正常,感觉像是抱着老朋友,有想吻她的冲动。"但是2010年,马兰风电场被卖给烟台的一个公司。由于没有专人维护,没多久,一个风机倒了,另两个也不转了。

中国风电产业发展的"活化石"成了"化石"。

亚洲第一海岛风电场——南澳

广东有一个海岛县,叫南澳,归汕头市管辖。汕头与南澳岛相距八公里,2015年元旦跨海大桥开通,过桥十分钟就够了。也可以坐轮渡,半个多小时。除了跨海大桥和轮船,连接汕头和南澳岛的还有海底电缆。南澳岛成为亚洲第一个海岛风电场跟海底电缆有非常密切的关系。无论是铺设电缆,还是发展风电,都要归功于南澳的老县长章

◇ 章振贵在家里接受作者采访
2009年12月

振贵。

1981年,章振贵走马上任。那个时候,南澳缺电。南澳岛的面积大概110平方公里,颐和园这么大的皇家园林,才不到三平方公里。南澳偌大一个海岛,只有一部功率265千瓦柴油发电机和200千瓦的小水电站。由于电力短缺,老百姓三个晚上用一次电,每次七八点钟开始,两三个小时后断电。南澳县医院做手术用不了电灯,只能用煤气灯。晚上公安局审案子也没有电灯,点蜡烛。有一次,一艘台湾来的渔船过了界,被公安局扣了。晚上审讯,点蜡烛。台湾渔民说,你们都解放几十年了,怎么还漆黑一片?

章振贵回忆,当时汕头市里有个文件,说电网全市联通,但是

后面有个括弧,括弧里面四个字——南澳除外。南澳被划为无电县。怎么跟汕头市的电网连上呢?章振贵想到了海底电缆。这在当时是创新之举,很多人质疑,把那么长的电缆放在水里安全吗?但是,张县长有股韧劲儿,他跑了无数次的汕头和广州,争取市、省两级政府支持。最后,海底电缆工程完成了论证。1986年,海底电缆将南澳和汕头连在一起,南澳用上了大陆电网送来的电。"无电县"的帽子从此摘掉。在当时,这条8.4公里的35千伏跨海电缆是国内最长的。这一年,章振贵退居二线。但是,他和电的故事没有结束,一个崭新的机会摆在他的面前。

南澳是远近闻名的"风县",平均每三天就要刮一次大风。论证铺设海底电缆期间,章振贵就琢磨风电的事情。他知道国外有风力发电,但是国内没有。他向一个工程师求助,恰好这个工程师有个美国朋友答应帮忙。资料寄到美国,很快回信了。信里说,南澳发展风电的条件很好,风资源非常丰富。丰富到什么程度呢?年平均8.54米／秒,6米／秒以上就有利用价值。另外,南澳每年有7000多个小时的风可以发电。

就这样,退居二线的章振贵组建了南澳风能开发指挥部,引进设备和技术开发风电。1989年,南澳引进了第一台风力发电机。之后的二十多年,南澳岛变成了亚洲最大的海岛风电场。风能发电是南澳县的支柱产业,也是当地政府最大的税源。如今的南澳,漫山遍野,放眼望去,全是风力发电机。2015年南澳县政府的工作报告显示,2014年风力发电3.58亿千瓦时,创造产值2.2亿元。对于一个一百多平方公里,七万多居民的海岛县来说,风电这份成绩单不错了。

风电让南澳从无电县变成了富电县。电多了,问题也来了。最近十年,南澳一年的风力发电量一直将近三亿度,是岛上用电量的五六倍。这么多电,一来用不完。二来,风电不能直接使用,必须通过海底电缆送回电网。电网就像一个水库枢纽,一边接收各种类型的电,

◇南澳岛上漫山遍野的风力发电机
　2009年12月

一边分配、传输到四面八方的用户。这样，供电的持续性才有保证。但是风电有间歇性，有风才有电，没有风就没有电。对于风电企业来说，如果没有输电线路的配套建设，风力发出的电就送不出去，风机也有可能被闲置。因此，电网的接入和电量的输出，经常成为风电快速发展的瓶颈。

还有一个问题困扰着南澳风电发展——土地。一百多平方公里的海岛，经过20年的发展，岛上的风电建设已经饱和。今后，只能向海上发展，但是海上风电建设并不乐观。首先是技术，我国没有成熟经验。第二是造价，比陆地上贵。第三，海上风电会跟养殖业争水域。南澳有七万多居民，虽然旅游业正在蓬勃发展，但是渔业和水产养殖

◇南澳岛的近海领域是水产养殖密集发展的区域
　2009年12月

仍然是第一大产业，解决大量就业。

除此之外，由于地少，风机和居民太近了。很多居民对风机运转时发出的噪音颇有怨言。晚上风机一转，根本睡不着觉。

这就是为什么中国规划的九个大型现代化风电基地，大部分在西北。那里地广人稀。

大风电

中国北方多风，土地辽阔，人口密度小，风电开发成本低。从2005年到2010年，全国风电装机容量连续五年翻倍增长。在这股浪潮

◇内蒙古大草原上的风电场
2009年9月

◇内蒙古达茂旗风电场吊装风机
2009年9月 安塞岗拍摄

中，内蒙古自治区一跃成为风电装机容量的全国第一。

由于风资源好，内蒙古早在20世纪70年代就开始推广牧区的小型风力发电。起步时间虽然和国外差不多，但是后来长期处于徘徊状态。国外工业规模的风力发电技术发展快，主要原因是市场的拉动和法律的保障。中国风电开发的爆发性增长始于2005年。这一年的2月28日，全国人大常务委员会通过了《中华人民共和国可再生能源法》，这部法律的直接影响是风能和太阳能成为全国投资热点。《可再生能

◇大型风电基地的建设依赖大型配套输出工程
2009年9月　安塞岗拍摄

◇内蒙古风电场里的大型风力发电机
　2009年7月

源法》出台的重要背景，是中国的温室气体排放迅速增长，总量大到仅次于美国。为应对气候变化的挑战和国际社会的压力，中国需要发展清洁能源技术，大力推广使用可再生能源。

内蒙古开发风电，有得天独厚的优势。首先，开发成本低。风资源丰富的地区，一般都是草原和荒漠。开发风电不占耕地，也不影响畜牧业。其次，政府积极性高。风电投资拉动地方GDP，提高税收，增加财政收入。地方政府有了积极性，自然在政策上给予优惠、加以扶持。在国家法律和地方政策的支持下，内蒙古迎来投资和建设风力发电场的热潮。从2006年到2009年，风电装机容量增长了近20倍，风电占全区电力装机容量的10%，成为继火电之后的第二大主力电源。

但是，风电和电网之间有矛盾。电网需要稳定、持续的电源。风电靠天吃饭，无法人为调控。你可以说它任性，术语叫"间歇性"。发电多少全看风刮得大小，电网很难承受。由于风电的间歇性，它不可能成为电网中的主体电源。在风电技术成熟的发达国家，风电上网电量能够达到全网机组上网电量的12%。在我国，可控性强的火电仍然是主力电源。电网可以根据用电量的增减，轻而易举地调解火电的供应量。通俗地讲，就是多烧和少烧煤的问题。在内蒙古，电网大规模接入风电，是以火电机组为保障的。但是，在北方的冬季，风往往后半夜最大，这时工业和民用电量都很小，取暖才是居民最迫切的需求。承担居民供热的火电机组不能为了保证风电上网而停止工作。所以电网只好放弃风电，这就是"弃风"。当然，这只是"弃风"的一种情况。火电成本低，风电成本高。电网弃风也有盈利的考虑。

由于电网无法充分接纳风电，许多风力发电设备被迫停机、闲置，造成浪费。最好的解决办法，是将风电输送到电力需求大的地方。看似简单，实则不然。从地理位置上来说，我国风能资源丰富的地区，与用电需求大的地区，相隔千里之遥。中国的风能资源大多在西北部经济欠发达地区，当地电力需求量不大。而缺电的地区往往经济发达、人口稠密，大多在东部地区。把风电从大西北输送到东部和南部，就要建设跨省、跨区域的大型输电工程。不是几百公里，而是成千上万公里。这么大的投资，需要全国统筹。

2014年6月，国务院通过《能源发展战略行动计划（2014—2020年）》。计划再次提出"大力发展风电"，并且设立了雄心勃勃的目标——"到2020年，风电装机达到两亿千瓦。"2014年的累计装机容量是1.15亿千瓦，按照这个行动计划，未来几年，中国的风电注定在世界上继续遥遥领先。但愿这种领先不以浪费为代价。

由奢入简之太阳能

太阳能具备一种美德，默默无闻地清洁奉献。在各种能源中，热电厂，要么烧煤，要么燃气，有污染、有排放。风电、水电，噪音大。特别是水电，水轮机轰鸣，震耳欲聋。核电，一旦泄露，要人命啊。相比之下，太阳能光伏发电太低调了。电池板安装到位后，只要出太阳，它就发电，没有任何噪音，基本不需要维护。

这么好的清洁能源，我们用了多少呢？2014年，全国用电55233亿度，太阳能发电250亿度，连1%的一半都不到。

赔本赚吆喝的家庭太阳能电厂

赵春江是上海电力学院教授、太阳能专家。2006年年底，他在自家阁楼顶上安装了一套太阳能发电系统。发出来的电，自己先用，多余的送进电网。送给电网的电，电网不但不给钱，赵老师还要赔钱。发电越多，赔钱越多。

出了这种怪事，只能怪赵老师是第一个吃螃蟹的人。最近几年，家庭太阳能电站从无到有，各种配套政策逐步出台。但是在当年，其实也就是十年前，赵家太阳能电厂全国独家的地位维持了好几年。赵老师的功夫不仅在于敢第一个吃螃蟹。他的"厉害"是据理力争、以弱搏强，给家庭太阳能发电落实政策。他的求诉对象，是电力公司，也就是电网。电网，一个超级垄断行业，执掌国家命脉。赵老师一介布衣，人微言轻，却提出了一个简单而硬气的要求。该给我的，国家法律有规定，你们具体做事的要给我办!

2006年年底，赵家太阳能电厂竣工后，他找到电网，要求并网。也就是说，太阳能发的电，用不了的请电网接收。电网同意，但是没提钱的事情。于是，不合情理的事情出现了。赵教授的自备电厂每向电网输送一度电，他就要多交一度的电费。因为当时的电表全部是正向运转。不管从电网下载用电还是将自家太阳能发的电上传，电表上的数字只有增加，不会减少。据赵老师分析，这种一根筋的电表是电力公司防备偷电的好帮手。于是，赵家太阳能电站运转以后，家里的电费不降反升！

有新闻的地方，就有记者。

有了记者的帮助，赵老师开始有理有据地为光伏发电摇旗呐喊。理是节能减排之大势所趋，据是至高无上的国家法律。2006年1月1日起实施的《可再生能源法》明文规定："国家鼓励单位和个人安装和

◇赵春江家门口的牌子
　上海松江区　2015年2月

使用……太阳能光伏发电系统""国家鼓励和支持可再生能源并网发电""国家实行可再生能源发电全额保障性收购制度"。至于怎么鼓励、按照什么价格收购,法律没写。不过,法律表达的国家意向十分明确。对于赵老师和记者们来说,这就够了。全国各地的记者络绎不绝。"能源孤岛""遭遇尴尬""太阳能产业困境""配套政策缺失""中国的清洁能源遥遥无期"……报纸、电视、网络,铺天盖地。

没过多久,电力部门的人登门拜访。赵老师,您开个价吧。

其实,从一开始,赵老师自建电厂就是赔本赚吆喝。因为太阳能发电成本高,他的家庭电站除了自用,还有教学研究的功能,所以成

◇赵春江的别墅房顶上安装了太阳能光伏电池容量4千瓦
　上海松江区　2015年2月

本就更高。赵老师不缺钱,他跟电网争的,不是电费,是名分。

2010年初,《与气候一起变化》摄制组采访了赵老师。有一段采访很精彩,赵老师对别人的误解、国家政策不配套表现出很强烈的情绪,但是片子里面没用。

> 我们老百姓自己掏钱搞实验是吧?我不怨国家。我自己掏钱,我整个系统26万是吧,我图什么呢?我发了电还要付钱给国家,我图什么?人家说你装系统是为了赚钱,就像德国日本一样,卖电给国家了,绿电都是高价回收的嘛。我图什么呢?所以有时候心里边,有一种怎么说呢,气愤吧。

2011年4月底,电力公司给赵春江免费安装了双向智能电表。2012年,赵老师买了别墅。太阳能电厂从公寓楼阁楼顶上搬到了别墅房顶上,装机容量从3千瓦增加到4千瓦。2015年春节前,一个阳光充沛的下午,我坐在赵家别墅的客厅里。赵老师笑眯眯地说:"全国各地的记者都来了,你们中央电视台的记者也来了,电网的人还坐得住吗?"

变化总是很快。从赵家太阳能电站2006年年底运行以来,还不到十年。现在,赵老师的家庭电厂不再是孤岛。如今在上海,安装家庭太阳能发电系统,只要合乎程序,电力公司都让并网,而且安装专用光伏双向电表。赵老师十年前的尴尬不会再现。2014年7月底,上海发布了新的光伏发电补贴政策,鼓励发展屋顶分布式电站。个人光伏发电补贴每度0.82元,由国家发改委和上海市政府分担。

但是,赵老师说,电网对太阳能还是抵制。没办法,哪里都一样。赵春江在日本拿到博士学位,研究太阳能。对日本的情况,他很清楚。那里的太阳能发电占用电量的2%,比中国普及。但是,日本的电网同样抵制太阳能。程度不同而已。

垃圾电？

不喜欢太阳能的人管它叫垃圾电。说它东一片，西一片，成不了气候。白天，有电。晚上，没电。晴天，电多。阴天下雨，电少。电网要的是持续、稳定、可控的电源。太阳能做不到。再说，用不了太阳能的时候，不用电网的电行吗？

还有，太阳能发电系统不是谁家都能安装的，它需要空间。在人口密集的大城市，这是个大问题。赵老师住楼房的时候，为了安装太阳能电池板，买了带阁楼的顶层。但是，有人会问，楼顶是你一家的吗？楼顶是所有业主的楼顶。即使业主都同意，一个楼不就一个楼顶吗？剩下的住户只有一楼可以装。按照现在的规定，楼房住户安装太阳能发电系统必须征得邻居和小区物业的同意。这里，邻居的意见至关重要。很多邻居不同意，说它反光。也有的说，光污染。

这些问题，都限制了太阳能发电的普及。但最要命的，是成本高。

俗话说，物以稀为贵。对于太阳能发电来说，它是因贵而稀。中国发电，70%靠燃煤。烧煤发电，污染大、排放高，但是便宜。可再生能源中，水电是主力。风电曾经连续五六年翻倍增长，也算成了气候。当然，问题仍然很多，就算是小气候吧。唯有太阳能，发电规模一直上不去。没有规模效应，经济性就降不到百姓认可的程度，只有靠补贴。补贴只能是指导性、象征性的，不可能普遍补贴。政府没那么多钱。

2010年初，赵春江接受我们采访的时候，把政府补贴比喻成养孩子。这一段话也很有趣，但是比较长，有些话不太规范，片子里没用上。

> 出台补贴政策，也就是一两年的事情，也不需要你每年都拿出大量的财政预算。你就痛苦一时，多拿点出来，花一两年时间推广一下，后面你就别管了。企业都很困难，太阳能发电市场有

限，企业运行很困难，成本高。售价低了我亏，高了我卖不出去。你得推人家一把。补贴政策让太阳能发电市场自立以后，那对不起了，我补贴到这里为止了。我已经把小孩养大了，18岁以后你可以自己工作了，不能老靠父母养你。是吧？一样的道理。但是前一阶段小孩的事情你就是得养啊。你说我小孩不管，管他呢。我生出来管他娘的，让他自己去活着吧，活着死了我都不管，那你太不负责任嘛！政府对企业就是这样，企业是孩子，政府是父母。是吧？一个政府如果这点事情都不做的话太没道德了吧？

现在看来，补贴一两年是不够的。

日本政府推广太阳能家庭分布式电站比我们做得好，但是电费补贴也是有限的。日本的电气化水平比中国高，三口之家年均用电量在2500度到3000度之间，家庭太阳能发电系统的装机容量都是三四千瓦。装机容量经过测算，刚好满足一家三口的需要。剩下一点多余的电量，电网补贴收购。但是，绿电回购，点到为止。政府并不鼓励个人安装更大的发电系统，因为没有那么多补贴资金。

在日本生活过七八年的赵老师虽然从楼房搬进了别墅，新的家庭电厂装机容量也只增加了1000瓦，总计4000瓦，一年能发3800度电。别墅朝南的房顶上虽然铺满了电池板，但是有三块是装饰，不发电。剩下的发电基本自用，只有很少一部分按照政府补贴价格卖给电网。

对于电网来说，太阳能无利可图。电网的利润，来自上网电价和销售电价之差。上网电价是发电企业卖电的价格，销售电价是电网用户买电的价格。以赵老师为例，他白天用自己发的电，电网没钱赚。多余的电送进电网，电网每度补贴0.82元。这不分明是赔本的买卖吗？电网虽然是国企，要听国家的招呼，但它终究是企业，不可能对不挣钱的事情太热心。

赵老师的奇思妙想

大面积推广太阳能发电，肯定要费些周折。十年间，已经发生了很多变化。谁知道下一个十年什么样子呢？其实，太阳能本身就是"贵"族出身，一度不接地气。老百姓安装太阳能发电系统，在以前根本无法想象。让我们看看历史，对未来会更有信心。

1839年，19岁的法国人Alexandre Edmond Becquerel在他爸爸的实验室里发现，光照在半导体材料上产生电流和电位差。这种用光照产生电流的现象被称为"光生伏特效应"，简称"光伏效应"。如今用来发电的太阳能电池叫光伏电池，就是这么来的。

Becquerel后来成为物理学家，光伏效应也叫Becquerel效应。注意，Becquerel并没有发现太阳光能发电，他的发现仅仅是太阳能发电的原理。他那个时代，老百姓还不知道电有什么用。更不知道没过几十年，人就离不开电了！爱迪生发明电灯泡是1879年，之后他又发明了留声机，这些电器和西门子的发电机、贝尔的电话一起，让电逐渐走进千家万户。记住这一点，因为赵老师脑子里有一个现在看来不切实际的想法，但是他认为以后一定能实现。这个想法后面再仔细说。

1954年，在发现光伏效应一百多年之后——是啊，一个多世纪之后——美国科学家在实验室里制成了单晶硅太阳能电池，光伏发电技术终于将太阳光变成了电！单晶硅是半导体材料，十分昂贵。这项技术也只能用在不差钱的地方——太空。1958年3月17日，美国成功发射第二颗人造卫星，先锋1号(VANGUARD1)。先锋1号安装了太阳能电池，在太空中为地空传送数据供电。中国太阳能发电技术也是用在天上。1971年3月3日，实践一号升空。这是咱们国家成功发射的第二颗人造地球卫星，携带了太阳能电池供电系统。

所以说，光伏发电是"贵族"出身，一度不接地气，不食人间烟火。光伏发电走向大众是1973年石油危机之后。美国人率先制定了光

上篇　气候变化和我们的生活

伏发电民用的十年规划。从无到有，从天到地，总有一个过程。这个过程中，少不了敢想敢干的人。

赵老师不但敢说敢做，他的想法同样出人预料。你电网不是说我垃圾电吗？说我晚上不发电吗？我赵春江给你想个办法，太阳能发电全球联网。中国的晚上是美国的白天，美国白天发的电送到中国，中国白天发的电送到美国。循环利用，你看多好？

靠谱吗？

赵老师是这么说的。

科学幻想，实际上不是幻想，它将来真的会实现。我们好多幻想不都实现了吗？嫦娥奔月，现在人不都上月球了吗？孙悟空一个跟斗十万八千里，现在一个洲际导弹不就是一个跟头十万八千里吗？都成了现实。科学幻想也好，人类的欲望造成的一种梦想也好，到最后都实现了。

◇手持博士论文的赵春江教授
　上海松江　2015年2月

真的会实现吗？

有点耐心，静候佳音。

思想改造和建筑节能

建筑业是电力和原材料消耗大户。在美国，商业和民用建筑耗电量和二氧化碳排放量分别占总量的2/3和1/3以上。全世界范围讲，建筑耗能占能源消费总量的1/3。建筑耗能的大头儿用于保证室内温度的舒适性，也就是我们希望的冬暖夏凉。但是绝大多数房子的保温性达不到这个标准，只能冬天烧暖气、夏天开空调。这是个笨办法，但是管用，代价是耗能。你必须不断加热或者冷却室内空气，人为制造冬暖夏凉。墙体的保温性和隔热性能绝对指望不上。

为了减少能耗，造福后人，咱们难道不能做出点自我牺牲吗？

舒适与节能之间的建筑

我在英国留学的时候，碰上一个德国人，环保思想根深蒂固。他叫霍斯特，跟我住一个公寓。霍斯特看不惯英国人的做派。比如垃圾分类，英国没有德国分得那么细，超市塑料袋也随便用。学生公寓里的垃圾都是一袋袋混着装，丢进垃圾桶。霍斯特每次倒垃圾都要愤愤不平几句，"英国人把自己的环境搞砸了，去他妈的！"

英国是海洋性气候，冬天没有北京冷，但是阴风嗖嗖，一样找不到温暖。宿舍里有电暖气，但是打开了，两个小时后自动关闭，夜里我经常被冻醒。我在厨房里跟霍斯特聊起这件事情，他很不以为然，因为他从不开暖气，整个冬天穿个厚毛衣。我问他不冷吗？他说，在德国，节能建筑的保温性能好，特别是门和窗都很讲究，能够防止室内温度降

上篇　气候变化和我们的生活

低。理想情况下，人体的热量不会流失。冬天，也不会觉得很冷。

说得通俗一点，德国人已经发明了靠体温过冬的建筑。我跟霍斯特开玩笑，难怪第二次世界大战期间你们进攻苏联大败而归，靠体温取暖的民族对当地的寒冬估计不足！霍斯特说，苏联红军攻入柏林后也不是什么好东西，一样烧杀掠抢，我奶奶那辈人备受其害。

霍斯特说的节能建筑，英国也有，而且离我们住的公寓并不远。我去参观过，那是一个节能示范建筑，叫ECO HOME，生态之家。这幢房子不大，外形与众不同。屋顶是斜的，尽可能吸收太阳能，并且利于客厅和厨房的采光。墙体使用了特殊材料，便于冬天保温夏天隔热。让我记忆最深的是卧室。首先是面积小，就放了一张床。其次是窗户小，采光不充分，阴天黑洞洞的。卧室嘛，窗户小一点，冬天少

◇伦敦泰晤士河边的咖啡厅

◇伦敦路透社总部大楼内部
2006年12月

◇伦敦路透社总部大楼外景

气候到底怎么了

了一个散热的渠道。这一点合乎霍斯特的理论。

其实，明亮大窗是全世界人民的共同爱好。窗子大，风景好。视野宽阔，通透舒畅。很多时尚咖啡厅、餐馆除了入口的东西精巧细致，入眼的环境同样心旷神怡。这就是建筑节能的一大挑战。

◇伦敦金丝雀码头是金融区，多家银行大楼矗立于此。左边那一栋是汇丰银行（HSBC），全玻璃外表
2006年12月

节能建筑对门和窗的面积有严格要求，比例不能过高，因为门和窗的保温性能比墙还要差。中国绝大多数建筑中，门和窗的能耗占总量的一半。即使这样，我们还是喜欢大窗户。特别是北方人，要求房间的采光好。冬天阳光充沛，才能暖洋洋地晒太阳。所以，落地窗比较时髦。但是窗户大了，冬天不保温，夏天不隔热，烧暖气和开空调的耗能就要增加。即便如此，大都市里玻璃大楼依旧高耸林立。

玻璃大楼起源于寒带的温室建筑，几百年前欧洲就有了。比如荷兰，为了种花种菜，用玻璃盖暖房。谁想到后来，全玻璃外表成为西方前卫建筑、科技文明的符号，流行全球。玻璃楼的最大问题是能耗高，有人叫它能源杀手。美国能源局曾经从寒带到热带选了六个城市做玻璃大楼耗能调查，结论是办公建筑的玻璃面积越大，空调耗电量越高。道理很简单，玻璃大楼是个温室，玻璃再好，永远比不上不透光的外墙隔温。夏天不说，即便在冬天，空调要先把室内阳面热空气的温度降下来，再把阴面冷空气的温度升上去。这是两个耗能过程。

但是，玻璃大楼的好处也不能忽略——人的感觉。我第一次走进这种大楼，是在伦敦金丝雀码头的汇丰银行（HSBC）。这幢大楼是全玻璃外表，在高层的感觉就像在半空中。一开始有

◇ **央视新址大楼**
2015年4月

点晕，不适应。过了一会儿，心情开始腾云驾雾。不禁感叹，怪不得老话说，人往高处走。2015年年初，我搬进了央视新址。这也是一栋玻璃大厦，37层有个观景平台。两层高，全封闭。从观景平台一眼望去，车水马龙尽在脚下，有点舍我其谁的感觉。哪个现代化的企业不希望自己的员工充满自信地工作呢？

建筑是为人服务的，人的感受很重要。绿色建筑，要在节能和舒适之间找到平衡。

乡镇里的零碳建筑

2002年，世界上第一个零碳社区在伦敦南郊诞生，英文名字叫Beddington Zero Energy Development，即贝丁顿零能耗发展项目，简称BedZED。整个社区1.7公顷，不到两个半足球场大，有271套公寓和2400平方米的办公和商用面积。设计师BILL DUNSTER的初衷是百分之百使用社区自己生产的可再生能源，主要是屋顶太阳能发电。此外，所有工程建筑材料均在社区方圆50公里范围内采购，减少材料运

◇伦敦南郊的零碳社区BedZED　图片来自零碳工厂建筑事物所网站

输产生的碳排放。社区建好后，实际运行过程中可再生能源的使用比例大幅度下降。仔细看这个零碳社区的建筑，你会发现它并没有排斥大窗，而是在大窗上安装了太阳能光伏电池板。2010年上海世博会期间，BILL DUNSTER设计的伦敦"零碳馆"（ZED Pavillion）在世博园亮相。这是中国第一个零碳公共建筑。

上篇　气候变化和我们的生活

零碳建筑放在大城市好一些，因为对技术要求较高，维护起来比一般建筑复杂。但是，中国的一个镇政府也让BILL DUNSTER设计了一个零碳建筑，2015年建成了。这是一个旅游集散中心，在浙江北部安吉县的郭吴镇。

安吉曾经是个贫困县，但是2000年以来，两件事情让它的旅游资源出了名。一是2000年《卧虎藏龙》获得多项奥斯卡大奖，该片取景地安吉竹海借此名扬天下。二是习近平考察的时候提出了"绿水青山就是金山银山"，安吉县成为生态文明建设的典型。

《卧虎藏龙》中，周润发和章子怡在竹林打斗的那场戏让观众记住了竹子。两位大侠飘逸在竹子的柔韧之间，中国功夫的刚柔并济展现得淋漓尽致。除了产竹子，安吉还出石头。十几年前，采石是当地农民的主要收入，但是污染严重。2005年，临近《卧虎藏龙》拍摄地点的余村关闭了三个石灰矿。一年三百多万的收入没有了，老百姓和政府都受了损失。这年8月，习近平到余村考察，他说："不要迷恋过去的发展模式，下决心关停矿山是高明之举"，"绿水青山就是金山银山"。当时，习近平还是浙江省委书记。当了总书记后，"金山银山不如绿水青山"成了国家生态文明建设的一句口号。

◇世博园里的零碳馆

◇鄣吴镇旅游集散中心效果图
零碳工厂建筑事物所提供

  最近几年,安吉旅游业发展很快。2014年游客达到1200万人次,收入127亿元。鄣吴镇是一代书画宗师吴昌硕的故里,还是制扇之乡。有了这些人文资源,再加上老天爷给的山、水、竹,镇政府决定建设旅游集散中心,进一步挖掘潜力。项目报上去了,省里一撮合,零碳建筑进了乡镇。

  2015年6月底,我来到鄣吴镇旅游集散中心。主体建筑已经完工,内部装修还没做。一片青山之间,这座玻璃房子很醒目。我特意向零碳工厂建筑事物所大中华区主管、设计总监郭岩请教,为什么要用这么多玻璃幕墙呢?她说,这是一个公共场所,玻璃幕墙可以营造开放迎宾的氛围。另外,集散中心坐落在一片青山之间,里面的游客可以透过玻璃随时欣赏周围美景，将自己融入风景之中。

接下来的问题就是如何保温隔热，用这么多玻璃，能耗是大问题。郭岩说，这是一个很实在的项目，设计中有很多中国建筑的传统理念。比如说南北通透，让穿堂风带走热气。室内的地板下面都是盘管，靠电来调节管子的温度，然后通过空气向上辐射，保证人身体周围温度的舒适性。建筑南北两面玻璃幕墙的最上层有窗户，天热时打开。由于屋内热气往上走，对流空气可以把热空气带走。另外，整个建筑坐北朝南，冬天

◇玻璃幕墙上部开窗，便于空气对流通风，带走热量
　2015年6月

◇屋顶的太阳能光伏电池板
　2015年6月

◇玻内部效果图
零碳工厂建筑事物所提供

便于吸收阳光，提高室内温度。夏天，屋顶和南面玻璃幕墙的电动遮阳板打开，遮挡阳光，防止屋内升温过快。从设计思想上来说，这就是一个冬暖夏凉的大房子，没有特别花哨的东西。

我问郭岩，真能达到零碳吗？她说，所谓零碳，是以一年为单位计算。整个建筑产生的能量与消耗的能量持平或者略有结余。在乡镇，真正运行起来可能在维护上有些问题，零碳不能保证，希望是低碳吧。

郭吴镇副镇长左巍是这个项目的负责人。他很看重这个项目的示范性。比如，太阳能光伏建筑一体化，在整个湖州地区是第一个。七百多平方米的太阳能光伏电池板，既是屋顶的建筑材料，也是日后主要的电力来源。这三百多块太阳能电池板一天能发四五百度电。镇里正在跟电网协商，光伏发电并入大电网。国家对光伏发电有补贴，一旦并入电网，就能产生经济效益。

另外，竹子是地方特产。旅游集散中心周围的绿化、室内的家具，尽量用竹子的。室内商铺出售的产品也要突出竹制品，比如竹扇、竹篮、竹笋。这样一来，既实现了就地取材，又推广了当地特色产品。建筑南侧的绿化还特别有讲究。竹子沿玻璃幕墙栽种。夏天，竹叶遮光。

冬天，竹叶掉了，阳光透过幕墙，提高室内温度。

还有一点是工程上的。建筑内部分为上下两层，玻璃幕墙之下的保温墙很厚，是挖地基的土堆出来的。所用石材，也是取自当地河床。室内照明，都使用LED节能灯。所有这些，都具有示范作用，老百姓都可以效仿。

我觉得，左镇长说得很实在。旅游集散中心里有咖啡厅，餐厅，土特产商店，旅游咨询点，儿童乐园，会议室等等公共设施，将成为镇里最有特色的地标建筑。游客来去匆匆，但是当地百姓可以常来常往。绿色低碳观念潜移默化的影响，才是零碳建筑的最大贡献。

勤俭持家利己利他

十年来，热水费涨了三倍。我翻了一下物业收费的单子，2002年热水十块钱一吨，现在30块。仔细算一笔账，我发现不对劲。同一时间段，冷水费只提高了60%，从2.5元涨到4元。燃气费提价幅度更小，大约1/3，从1.7元提高到2.28元。热水的原材料只涨了不到一倍，凭什么成品要涨三倍呢？

我上网一查，发现自从北京2014年热水费涨到30块钱之后，很多老百姓不满意，都在家里安装了电热水器。再仔细地一查，发现清华大学教授、工程院院士江忆有一篇小文，讲的就是小区热水和建筑节能的事情。

◇中国工程院院士江忆接受央视记者采访
　2010年1月　安塞岗拍摄

气候到底怎么了

　　江院士发现，2000年前后，很多住宅楼盘销售都以24小时热水为卖点。但没过两年，这种促销方式越来越少，改为购房送热水器。原因在于成本太高，每吨热水的成本高达五六十元。小区里并非所有住户都需要24小时热水，但是热水管道一定要烧热。用术语说，就是末端用户很少的时候，小区管道散热、水泵循环造成的热损耗非常高，甚至可能达到70%。小区保证24小时供应热水的能耗是各家各户使用热水器的三倍。发达国家有所不同，比如美国和日本，末端用户量大，同样消耗量除以用户数，所造成损耗仅为20%。也就是说，人家日子过得好，虽然耗能量大，但是浪费小，能源利用效率高。这叫规模效应。

　　那么我们是不是应该在建筑能耗方面向西方发达国家学习呢？号召中国人放开使用热水，减少能耗浪费？后果不堪想象，能源总量会骤然增高。使用空调也是同样道理。中央空调号称高能效，但是与普通分体空调进行比较，每平米建筑物中央空调耗电是家用分体空调

◇美国丹佛大学宿舍楼走廊里的长明灯
　2013年7月

的十倍。为什么？中央空调24小时运行，覆盖整个建筑。但是分体空调随用随开，勤俭节约的广大中国老百姓还有一个习惯，不到万不得已坚决不开。我的同事曾经到上海和南京采访居民冬天采暖问题。由于南方没有冬季集中供暖，大部分百姓过冬靠的不是空调吹出来的热风，而是厚厚的冬装和被褥。如此节能，有学者戏称，"冻着"是中国人应对气候变化的独特方法之一。

这里丝毫并没有贬义。仔细想一想，对于芸芸众生里的不同群体来说，生活方式决定了能源消费量。而生活方式决定于思维方式。对于习惯了勤俭节约的人来说，没有必要、也不应该鼓励他们追求"高大上"的生活方式，特别是消费模式。譬如，在设计住宅建筑的时候，如果都设计成中央空调，无异于逼着老百姓用高能耗方式生活。

江忆院士的团队做过一个能耗与收入水平的调查。他发现，收入极低的群体，耗能水平很低。因为钱少，生活状态受到影响。但是中等收入水平，或者再富裕一点的，能耗和收入没有关系，主要是文化造成的。不同的聚集群体，能耗不同，这是一个文化过程。

所谓文化过程，就是绿色理念、生态理念、传统习俗对生活方式的塑造。对于这个调查结果，我可以提供一个例证。

2013年6月，我在美国丹佛大学进修一个多月。时值盛夏，白天户外气温多在30度以上。但是，屋里冷，空调开得很足。特别是教室里，绝对是西服革履的天下。每到课间，同学们都要到户外去暖和暖和。尤其让我记忆深刻的是学生宿舍走廊里的灯，从来没关过。难怪美国人死活不签《京都议定书》，国内这么大手大脚地消费能源，哪能在国际上承诺大幅度减排呢？！美国人的确是舒服日子过惯了，再加上地大物博、资源丰富，根本用不着节能减排。

美国梦是什么？对普通人来说，就是路边一幢房子。混得好的，地上两层，地下一层，外加两个车位。混的差一点，也能弄个独门独户。不管怎么说，人均居住面积百十平米，油耗电耗非我等消费之数

◇美国科罗拉多州博尔德市BOULDER路边的两幢民宅 2013年7月

量级。中国人呢？咱们家底太薄了。人家国土面积跟咱们差不多，才三亿人，咱们都快14亿了。中国人都想独门独户，有那么多地吗？中国人都照着美国人的标准盖房子、过日子，全世界就别提减少排放、应对气候变化了。

老祖宗给我们留下了勤俭持家的传统，实乃中国和世界之万幸。美国人养成的高消费生活习惯也不可能一时半会儿改过来。你想啊，美国梦缩水了，美国还能成为吸引世界上最优秀人才的大熔炉吗？所以，我们一边改善自己的生活，一边不忘勤俭传家。这是最大的绿色思维，利己利他。

但是气候谈判的时候，该争的，还是要争。据理力争，人人平等。我们也有过好日子的权利。这权利怎么用，我们自己说了算。

上篇　气候变化和我们的生活

电动汽车能开多远？

每个人都有发财的机会。机会来了，你看得见吗？抓得住吗？捕捉机会需要眼光。

2000年前后，有个朋友找我商量买车还是买房？那个时候，好一点的进口车跟一套公寓的价格差不多。这才十多年，同样的钱刚够买一个停车位。当时的北京，三四环边上到处是新楼盘，房子多得让人懒得买。一观望，发财的机会溜走了。当年，买车的诱惑也很大。带着心爱的人去兜风，想想就冲动。我这个朋友先买了车。待到房价涨到心疼时，他买了房。该花的钱迟早要花，多一份后悔而已。也是在2000年前后，我的另一个朋友不知从哪里得到了神的启示，掏空了所有积蓄不说，还四处借钱外加贷款，一口气买了四套房子。这哥们现在天天不好好上班，优哉游哉。从投资的角度来说，当年这小子眼光不赖！

说正题。不同的时间，不同的取舍，成本不一样，收益也不一样。最要紧的，是眼光要准。十多年的工夫，房价涨了十多倍。重金买房的，选对了。车呢？十几年来，路越修越堵，车越开越慢，再加上雾霾引起公愤，限制私家车成为必然。最狠的是上海。你想买车？先去买车牌。最近两年，车牌价格居高不下，一度突破九万，够

◇倪欢的电动车
　2015年2月　上海闵行

买一辆车了。也有例外。我认识这么个人,她的车牌免费。

她买了一辆电动车。

买车省了15万

倪欢是四川人,在剑桥留学的时候认识了一个北京人。上海交大聘请这个北京人当教授,于是两个人在上海安了家。倪欢说,她是"一位从事环保工作的自由职业者"。通俗地说,就是想干的时候多干点,不想干了就歇着。一个大学教授和一个自由职业者,有知识有时间,配置不错。

倪欢经常在朋友圈晒她的薄膜太阳能发电系统。2015年2月,我去她家看了一眼,对她刚买的电动车更感兴趣。

2014年10月份,倪欢买了一辆比亚迪-秦。这是一款插电式混合动力车,生产厂家的市场指导价格20万左右。10月份,上海市拍卖个人车牌7400个,十多万人参加竞拍,中标率7%,平均成交价格74075元。根据5月份颁布的《上海市鼓励购买和使用新能源汽车暂行办法》,"消费者购买新能源汽车用于非营运的,本市免费发放专用牌照额度"。7.4万的车牌费用倪欢省下了,而且不用跟那10万人去抢7%的中标率。7月中旬,国务院印发《关于加快新能源汽车推广应用的指导意见》。《指导意见》里有一条,"2014年9月1日至2017年12月31日,对纯电动汽车、插电式(含增程式)混合动力汽车和燃料电池汽车免征车辆购置税"。对于倪欢来说,车辆购置税1.7万,也省下了。同时,购买新能源车还享受中央和地方政府的一次性补贴,62500元。算下来,倪欢买车省了15万,她要感谢国家的好政策。

政府何出此举呢?

我们看一下国务院2012年6月底印发的《节能与新能源汽车产业发展规划(2012—2020年)》。这份规划的主要目标是,"到2015年,纯电动汽车和插电式混合动力汽车累计产销量力争达到50万辆"。实际情况如何呢？2012年销量不足一万辆，2013年翻了一番，两万辆。2014年的累计销售量是74763辆。看出问题了吧？按照这个速度，2015年达标无望。政府只有加大政策刺激力度。再看另一个数字，2014年全国汽车累计销量2300万辆。7.4万和2300万，太悬殊了。电动车，沧海一粟。

回过头来说倪欢的电动车。插电式混合动力车，既可以用电，也可以用油。使用纯电动模式，可以开70公里。她家住在闵行区，上海市近郊，离市中心20公里。充好电，开一个来回没有问题。对于绝

◇电动车的家用充电桩和车身上的充电接口
　2015年2月　上海闵行

大多数上班族来说，上下班的路程都不会超过70公里。看到70公里的意义了吧？满足车主的通勤需要。白天上路，晚上充电。跑远一点的地方，郊游、长途啥的，切换到混合动力模式，先用电、再烧油。从设计上来说，考虑挺周到。另外，纯电动模式行驶，每公里电费两毛钱。比汽油车便宜多了。

问题在于充电。在哪里充电？充多长时间？倪欢购车后两个月，比亚迪在她家安装了专用充电桩，三个半小时可以充满，耗电11度~13度。充电桩的好处是速度快，而且电价按照阶梯电价的第一档计算。上海实行峰谷电价，晚上充电便宜些。如果不用充电桩，从屋里

拉出一根电线，用家用插头慢充，要六七个小时。倪欢住在一楼，充电桩就安装在阳台的墙上，很方便。如果不住一楼，那就有些麻烦了。当然，可以去比亚迪4S店充电。这时候，问题就出来了。谁天天去4S店待三个小时呢？另外，比亚迪这款车的后备箱比较小，电池占用了很大空间，出国旅行用的大箱子放不进去。

倪欢的车可以用汽油，是新能源车中比较成熟的类型。纯电动车，问题多一些。

"贵重"的纯电动车

电动车的电，是大问题。从哪里来？放在哪里？能用多久？

一般的车，加油三分钟，跑四五百公里没问题。电动车没这么潇洒，特别是纯电动车。国产纯电动车最大续航里程300公里，大多数在200公里以下，150公里左右。在中国市场销售的特斯拉纯电动车最大续航里程是五百多公里，售价70万。好贵！

另外，充电一直是大问题。电动车充电，快充也要半小时。大部分开电动车的人都有"里程焦虑"症，有人戏称，没有充电桩，电动车就是一堆废铁。

深圳是全国新能源汽车推广示范城市。2009年底公布的《深圳新能源产业振兴发展规划（2009—2015年）》提出，"壮大新能源汽车产业"，"到2015年，推广使用新能源汽车累计达到10万辆"。为了落实规划，2010年10月起，市政府在住宅区按照现有停车位的5%分批安装充电桩。当时，政府并没有考虑小区里有没有电动车。两年后，小区内已经安装的充电桩数量，比私家电动车多十倍。充电桩成了摆设。

私家车市场没有起色，政府调整思路，以公共交通为突破口。开辟新能源车公交专线、在出租车行业大批引进纯电动车、政务车也大量采购电动车。其中最显眼的是纯电动出租车。车身有醒目标识，每天在城市穿梭，时刻都在做广告。

2014年，深圳共有出租车1.6万辆。其中纯电动车850辆，全世界第一。按照政府计划，2015年重点推广电动出租车，到了使用年限的汽油车全部换成电动车，规模要达到4000辆。你读到这本书的时候，可以上网查一下，这个目标达到没有。

深圳的电动出租车是清一色的比亚迪E6，车型跟一般的三厢出租车不同，有点像都市越野车。它的尺寸和本田CRV几乎相同，但是重量差很多。E6是2.4吨，本田CRV1.6吨，多出来的分量主要是电池。E6里装了600公斤电池！有人开玩笑问，这车是拉人还是拉电池？新能源车普遍比汽油车贵，E6的市场价格三十多万。在北京，个人购买享受政府补贴，20万可以拿下。但是，多少人愿意花20万买国产车呢？还有人说，这钱都买电池了。不过，正是因为有了这600公斤电池，才有了300公里的续航能力。当然，300公里是理想状态。空调一开，至少减去50公里。

◇安装在地下车库中的出租车充电桩

◇电动出租车地下充电站入口处
　2015年4月　深圳

气候 到底怎么了

　　充电问题如何解决呢？经过升级的充电桩一个半小时可以把电充满。深圳的电动出租车是两班制，白班的司机午饭前充一次，边吃边充。下午补一次，晚上交接班之前再充一次，把电充满。对于司机来说，充电虽然比加油费时间，但是有了强制休息时间，算是弥补吧。

　　充电还有一种快速模式，30分钟充足80%的电量，但是不利于电池的延年益寿。慢充需要六七个小时，私家车一般采用这种方式，白天上班，晚上充电。比亚迪承诺回收电池，但是价格未定。E6电池的寿命是五年，电动出租车2010年在深圳投入使用。我写这篇文章的时候，这个问题还可以挂起来。你读到这里的时候，最早一批电动车该换那600公斤电池了。你可以查查回收和更换费用。电动出租车运营的头两年是亏本的，2012年底开始盈利，利润主要来自油电差价。如果算上电池折旧费用，利润要大打折扣。

　　纯电动公交车，依然是既贵又重。烧汽油的公交车50万一辆，深圳公交采用的比亚迪K9要200万，一半买了电池。如果你仔细看深圳

◇正在充电的纯电动公交车
　2015年4月　深圳

街头的纯电动公交车,你会发现车的底盘很低。那就是电池的位置,一共180组磷酸铁锂电池。这么多电池增加了车身自重,影响了载客数量。K9自重18吨,最多载客70人。同样12米长的金龙客车12吨,能拉90人。夏季,深圳经常下大雨。司机说,台风暴雨一来,电动车就不敢上路了。电池组离地面太近,让水一泡,完蛋了。

深圳的纯电动公交大巴从2012年开始批量投放,原计划2015年达到4000辆的规模。2014年8月底的数字是1253辆。虽然数量上是全国第一,但是发展势头明显降了下来。2014年1月,深圳市审计局的《深证新能源公交示范运营审计报告》泼了一盆冷水,比如"售价高且成本不透明,出勤率低、运营亏损大、故障率高、电池续航能力有待提升。"

选择未来vs让未来选择

很多业内人士把2014年称为新能源汽车发展元年。因为这一年,国家出台一系列行业利好政策,真金白银地扶植企业,培育市场。在新能源车中,最能代表未来发展趋势的是纯电动汽车。现实使用中问题最多,还是纯电动汽车。为什么非要啃这块没肉的骨头呢?因为现在没肉不代表日后肉少。还记得文章开头提到的那位朋友吗?他认定房子值得投入,奋不顾身地投了进去。事实证明他的眼光很准。他选择了未来,时间没有亏待他。

从国家的层面看,纯电动车很可能是中国汽车工业打翻身仗的一张王牌。2009年,中国超过美国,成为世界最大的汽车产地和销售市场,比许多专家预计的时间提前了五年。虽然有这么大的市场,但是国产品牌再奋起直追,也别想跟发达国家一争高低。人家已经发展了一百多年,核心技术攥在手里。你给多少钱也不卖。但是,新能源汽车是最近一二十年的事情,大家都在电子控制技术上搞研发。相对来说,都是起步阶段,中国和外国的差距没有一百多年。这就是机会。

气候到底怎么了

比亚迪E6问世的时候，三百公里的续航能力堪称世界第一。尽管不久之后美国的特斯拉跑出了五百多公里。但是，希望在，机会有。

从地方层面看，一方水土养一方人。一个城市要持续发展，一定要找准定位，根据形势的变化，制定适合自己的发展战略。30年前，深圳靠打拼精神，杀出一条血路，致富奔小康。全国还没有几栋摩天大楼的时候，深圳的工人可以用三天一层的速度建成国贸大厦。现在，再靠胆子大、肯吃苦，深圳拼不过越南、柬埔寨了。深圳看准了新能源产业，做电池出身的比亚迪看准了电动车。比亚迪总部在深圳，扶植自己地盘上的企业，政府和企业找到了利益汇合点。问题多、困难多，但是办法都是让困难逼出来的，不解决问题，也不会有创新。电池的问题迟早能解决。当年拿大哥大的人能想到后来的手机能揣进屁股兜吗？这不也就十年的工夫？

最后是个人。倪欢夫妇的家里安上了太阳能光伏发电系统，开上了油电混合动力车。这两样东西，一般的工薪阶层都买得起。很多人不买，因为麻烦。的确麻烦。但是芸芸众生，活法各异。大多数人随波逐流，按部就班过日子。这是主流，时代的主流，没什么不好。有些人逆流而动，磕得头破血流。世道不好的时候，这类人或许能成大事。还有一种人，顺势而为却不失执着。明知道电动车麻烦却偏要去试试的人，属于最后一种。尝鲜，就是在选择未来，而不是被未来选择。

哦，对了，还有气候变化。纯电动车开起来没有排放。如果全世界的人都开纯电动车，国际气候变化谈判可以省很多事。

◇53层的深圳国际贸易中心大厦1982年动工，1985年底投入使用。三天一层的深圳速度曾经举世瞩目 2012年7月

下篇　气候变化里的中国与世界

白手起家的环保事业

环境保护是舶来品。中国环保事业的奠基人是周恩来。

半个世纪以前,西方的环保运动和绿色浪潮风起云涌,但是我们的国家领导人还不知其为何物。那个时候,中国在搞"文化大革命"。对外政策叫"左右开弓""两个拳头打人"。美帝和苏修放在一起,中国管它们叫"两霸"。报纸和广播隔三差五就要批判,揭露其丑恶嘴脸。那个年头的中国虽然自己一穷二白,但是敢跟两个超级大国同时叫板!

举一个例子,1969年1月20日,尼克松就任美国总统。《人民日报》和《红旗》杂志以评论员的名义,写了一篇文章,题为《走投无路的自供状——评尼克松的"就职演说"和"苏修叛徒集团"的无耻捧场》。毛主席看了这篇文章,觉得可用。他指示,全文配发尼克松演讲全文。1月28日,《人民日报》刊登了这篇文章和尼克松的就职演讲。演讲在《人民日报》上的题目是《一篇绝妙的反面教材——美帝新头目尼克松的"就职演说"》。

中国领导人对环境保护的认识,就是从这篇就职演说开始的。回过头来看,反面教材的正面意义不可低估。

总理不知何为环保

反面教材中有这样一段,提到了环保。

> 充分就业、改善住房、良好教育;重建我们的城市、改进我

们的乡村；保护我们的环境、提高生活质量。为了追求这些和更多的目标，我们决心而且必须立刻奋力前进。

主管外交工作的国家领导人是周恩来总理，共和国的开国大管家。周总理是一个谨慎、细致的人，工作上一丝不苟、事必亲躬。这个工作习惯与他多年从事地下工作有很大关系。他是共产党情报工作的创始人，早在1927年就建立了中央特科，负责保卫党组织安全和搜集敌方情报。搜集情报有秘密渠道，但是大部分是对公开信息的搜集、整理和研判。环境保护，就是美帝送上门来的公开情报。周总理敏锐地捕捉到了。

对于美帝国主义新领导人的履新演说，周总理读得很细。看到"保护我们的环境"时，他不明白什么意思。于是，他指示中共中央调查部研究局，从国外报纸杂志中搜集资料，编辑整理，形成完整的材料上报。从上报的材料中，周总理了解到西方学者对污染问题的看法、政府的对策以及环境保护的意义。总理看到的材料中，有几十张日本杂志上彩色照片——被污染的富士山和琵琶湖、酸雨破坏的森林、水俣病造成的身体畸形等等。

图文并茂的材料，给总理留下深刻印象。他认识到了问题的严重性，并提出，保护环境是关系到民族存亡的大事。要综合治理，变废为宝。同时，针对一些西方学者提出"减少污染，必须减少工业"，周总理说，我们必须发展工业，同时又要防治污染。我们是社会主义国家，应该而且能够实现没有污染的工业化。[1]

1972年9月8日，周恩来还对治理"三废"——废水、废气、废渣做出明确指示：资本主义国家解决不了工业污染的公害，是因为他们

---

[1] 熊向晖：周恩来——中国环境保护工作的开创者，《中共党史资料》第68期，1998年。

的私有制，生产无政府主义和追逐最大利润。我们一定能够解决工业污染，因为我们是社会主义计划经济，是为人民服务的。我们在搞经济建设的同时，就应该抓紧解决这个问题，决不能做贻害子孙后代的事。这番话是在一次会议上讲的，参加会议的都是国家计委和各省、市、自治区负责人。[1]

回过头来琢磨周总理四十多年前对环保问题的认识，我们既要看到老一辈国家领导人的远见卓识，也要看到中国多年来在发展与环保两者之间的权衡取舍。周恩来先知先觉，主动从西方新闻界认识了环保的重要性。同时，他还是一个大国的管家。说是大国，其实又穷又乱。当时，中国在闹"文革"，国内一片混乱。能"抓革命、促生产"并举，已经很不简单了。在"促生产"的有限精力中还要腾出一点点力量讲一点环保，实属一个国家领导人尽心尽责的小注脚。

周总理时代的环境问题

政府是个官僚机构，人员繁多，但是总理只有一个。政府首脑的认识和想法要通过各级干部贯彻落实。俗话说，林子大了，什么鸟都有。这么多鸟，不可能都往一个方向飞。"文革"期间，总理苦撑危局。他的话，很多时候难以落实。究其原因，大部分是政治因素。在环保问题上，更多的是时代所限，意识落后。

1970年12月6日，周总理会见日本客人。他发现随行人员中有一个专门报道公害问题的电视记者。他对这位记者说："我要向你请教环境保护方面的问题。"周恩来约这位记者聊了很长时间，并指示第二天组织报告会，请日本记者谈环保。总理要求，除科技人员参加外，

---

1 《周恩来年谱》（一九四九——一九七六 下卷），中央文献出版社，1997年版，第549页。

各个部委的负责人都要来听。会后，总理要求分组讨论，并汇总上报。报告会和分组讨论的情况上报后，总理又要求把报告内容发给出席全国计划会议的人员。于是，这份文件成为新中国历史上关于环保的第一份文字记录。

当年负责张罗这件事的工作人员叫曲格平，他后来当了中国第一任环保局局长。多年之后，曲格平回忆了当时组织报告会的细节。

> 这件事情当时是由我具体组织的，进行中也遇到了困难，让一些部委的军代表和部长们坐在那里听一个外国记者的讲话似难以接受，又不敢向总理说。于是我们就临时想出一个办法，从北京饭店小礼堂拉出根线到旁边的会议室，请部长们在会议室听转播。讲这段小插曲，反映出当时的一种心态，好像身为一个大国的部长，就不能听记者在那里讲话。[1]

曲格平退休后写了很多文章，这个细节他几次提到。我们可以设身处地想一想，一国总理可以抽出时间向外国记者请教环保问题，他手下的部长怎么就犯了难呢？如果今天的总理布置类似的事情，还会遇到同样困难吗？想来想去，还是当时的政治大环境问题。"抓革命"的多，"促生产"的少，关心环境的基本没有。从这个角度看，时代在进步。现在是促生产的仍然很多，搞环保的声势水涨船高。不搞不行了，李克强就任总理后，在第一次政府工作报告中说："环境污染矛盾突出，是大自然向粗放发展方式亮起的红灯。"

回到周总理时代，当时的中国并不是没有污染。北京就有，空气污染很明显。1971年10月9日，周恩来陪同俄塞俄比亚皇帝塞拉西参观北京东方红石油化工总厂。工厂里冒着黄烟，总理连续五次要求厂里

---

[1] 曲格平：《曲之求索：中国环境保护方略》，中国环境科学出版社，2010年版，第428页。

和市里的领导采取有效措施,消除危害工人健康的黄烟污染。周恩来还发现,工厂介绍污水处理工程时言过其实。后来,他立即要求在赠送埃方的纪录片中减掉不符合实际情况的镜头,并向埃方道歉。[1]

1972年初,周恩来和北京市领导一起登上北京饭店的楼顶,观望北京城。这些领导看到的是,烟囱林立,黑烟滚滚。周恩来说:我们的污染不比国外轻。在此前后,周总理还说过:"要以世界公害为镜,看到我们自己存在的环境问题。"还有一件事让总理意识到环境问题的紧迫性。20世纪70年代初,北京市民反映市场上出售的淡水鱼有异味。后来一查,水质污染所造成的。[2]

但是,很多人并不认为中国有环境问题。"文革"中,"四人帮"和一些极左理论家的论调是,环境污染是资本主义产物,谁也不能讲我们社会主义存在环境污染。1973年8月,在周恩来的亲自过问下,国务院委托国家计划委员会在北京召开了第一次全国环境保护会议。那种情况下,召开会议并敢于揭露中国社会主义的污染黑暗面,实属周恩来总理的胆略。[3] 会后,国家计委向各省、直辖市、自治区革命委员会和国务院各部门转发了12期会议简报。虽然转发的时候注明"请注意保密",但是正是这些保密文件向全国通报了环境污染和生态破坏的情况。

如果说召开会议是周恩来的胆略,向全国转发简报就是一种策略。"保密"恰恰是为了让更多人知道,特别是让更多的地方官知道。把全国各地的领导干部召集到北京,破天荒为环保开两周会。这么大动静,如果不向全国转发会议简报,一散会,哪说哪了。

---

[1] 《周恩来年谱》(一九四九——98一九七六 下卷),中央文献出版社,1997年版,第488页。

[2] 刘东:周恩来关于环境保护的论述与实践,《北京党史》1996年第3期。

[3] 曲格平:《曲之求索:中国环境保护方略》,中国环境科学出版社,2010年版,第404页。

环境污染是问题，营造环境保护的工作氛围更是问题。这个问题到现在也没有解决好。

愧对开国总理

1973年，周恩来接见一个外国经济代表团时说，我们的外援工程，"要注意做好环境工作，保证不使土地、河流和空气遭到污染"。他还说："如果我们社会主义国家不把这个优越性表现出来，那我们算什么社会主义国家？"[1]

周恩来1976年去世。20世纪70年代初，在他生命的最后几年，他看到了环境污染，认识到了严重性，并做了一些事情。他几次讲过社会主义制度治理环境污染的优越性，不能走资本主义国家先污染后治理的路子。但是，在国家政局动荡、经济倒退的大环境下，总理能做的也只有这些了。好在他为中国的环保事业开了个头。

2013年，83岁的环保老人曲格平两次接受《南方周末》记记者采访，回忆当年总理抓环保的往事，有些是四十多年来首次曝光。比如，20世纪70年代初，国务院环境保护领导小组发布了一个十年环境污染治理规划：用五年时间控制环境污染，用十年时间解决环境污染问题。结果如何？有一件事情可以佐证。国务院委托计委召开的第一次全国环境保护会议是在1973年。第二次会议呢？1983年底。两次会议相差十年！

2013年5月，曲格平对《南方周末》说："现在全国上下都认识到：不惩治腐败要亡党亡国。我认为不消除环境污染，不保护好生态环境，也要亡党亡国。对环境治理要下决心，再不能只停留在口头上和纸面上了。"这一句"亡党亡国"在媒体上掀起一阵旋风。

---

1 刘东：周恩来关于环境保护的论述与实践，《北京党史》1996年第3期。

2013年，政府换届。2014年，李克强总理在第一次在全国人大会议上作政府工作报告。报告没有避讳越来越严重的环境问题："环境污染是民生之患、民心之痛，要铁腕治理。"

两位总理，相距四十多年。这四十多年的前20年，中国反复说不走发达国家"先污染后治理"的路子，实际上走的就是"先污染后治理"的老路子。污染已在，治理也在。想想周总理当年的话，现在是显示社会主义优越性的时候了。用现任总理的话说，"要铁腕治理"。

说了半天，气候变化呢？

周总理时代，全球变暖还不是各国政要讨论的问题。但是，周总理做了一件事情，让世界环境外交的开端成为中国环境外交的起点。他派出了中国代表团，参加联合国人类环境大会。于是，世界环境保护事业的初始阶段，就有了中国的贡献。这是一笔丰厚的历史遗产，为日后的中国气候外交的开展带来宝贵的道义优势。

联合国宣言里的毛主席语录

人生和事业就像马拉松。起跑的时候,只要人在,跑得慢一点都不要紧。只要坚持跑,都能到终点。如果人都没进场,事后想起来要追要赶,光办手续、摸门道就要费很大劲。

20世纪60年代,西方环保运动从民间兴起。环境问题无国界,不是几个国家能解决的事情。各国政府坐下来讨论世界环境问题,始于1972年在瑞典首都斯德哥尔摩召开的联合国人类环境会议(U.N.Conference on the Human Environment)。这是国际环境外交的开端,从此,环境问题被牢牢地钉在国际政治的议事日程上。

中国高调参加了人类环境会议。中国代表团团长的会议发言让世界大吃一惊。美国总统尼克松知道发言内容后,整个下午都在给美国代表团团长打电话,因为他十分生气。为什么?后面细说。中国虽然对美帝国主义讲究原则,但是对会议的主要成果《人类环境宣言》体现了出乎意料的灵活性。投票的时候,不赞成,也不反对,而是跑到会场后面观战去了。于是,《人类环境宣言》得以通过。就这样,国际环境外交舞台大幕拉开的时候,中国给世界留下了一道鲜明的印记——既敢于斗争又顾全大局。核心利益寸土必争。共同利益,顺势而为,顺水推舟。这是一种外交风格,直到今天的气候谈判,依旧如此。

发达国家张罗发展中国家开大会

第二次世界大战结束后,百姓安心过日子,政府埋头搞建设。不久,经济大繁荣和人口大增长同时出现。但是,环境出问题了。1950年到1970年,世界国民生产总值翻了一番,人口增长40%。石油、煤炭这些化石燃料的消费增加了两倍,二氧化硫排放量增加50%,核废料、有毒金属、农药和有机化学品的排放和处理对环境造成极大破坏。英国、美国、日本这几个发达国家都出了空气和水污染造成的公害事件,老百姓的健康受到实实在在的危害。比如酸雨。你往大气里排放了有毒物质,雨却下到了我们国家。

环境问题无国界,治理也要跨国界,发达国家需要发展中国家一起做这件事情。1968年5月,瑞典常驻联合国代表给联合国秘书长写了一封信。信里提到,人类发展导致的自然环境变化已经成为发达国家和发展中国家必须面对的迫切问题,这些问题只有通过国际合作才能解决。瑞典政府提议,联合国召开一次会议,制定解决人类环境问题的方案。美国和加拿大支持瑞典的提议。年底的联合国大会决定,1972年召开联合国人类环境会议。会议秘书长是加拿大人莫里斯·斯特朗(Maurice Strong),筹备工作由他操办。

张罗这样的国际会议,要讲排场,来的人越多越好。环境问题,大家都有份。人凑不齐,会就是开了也没多大意义。但是,这个会从一开始就是发达国家在操办,准确地说,美国阵营的西方资本主义国家赞助会议,苏联率领社会主义阵营国家抵制会议。大多数第三世界发展中国家认为,会议有利于工业化国家的利益,无助于改善贫困、加强发展,因此也有意抵制。看出时代特征了吧?当时世界还在冷战之中。

会议秘书长斯特朗为保证大会具有充分代表性,一方面游说赞助会议的西方国家,希望他们同意所有社会主义国家出席会议;一方面出访东德、苏联,说服社会主义阵营国家与会。为了争取发展中国家的参与,斯特朗走访了三十多个发展中国家。最大的突破是印度,吉拉·甘地总理亲自率领代表团与会。

鸦雀无声的北京城

中国,也是斯特朗争取的重要对象。斯特朗和中国有些渊源。他的姑姑是美国进步作家安娜·路易斯·斯特朗。"一切反动派都是纸老虎",就是毛泽东1946年在延安枣园对斯特朗姑姑说的。这两个斯特朗晚年都在中国长期居住,算得上中国人民的老朋友。斯特朗本人和中国结缘,始于1972年的人类环境会议。

1971年12月2日,斯特朗会见中国驻联合国代表团团长乔冠华,希望中国与会。1972年2月4日,联合国秘书长给中国外交部长姬鹏飞发出照会,邀请中国参加联合国人类环境会议。中国决定参与联合国人类环境会议,既出乎国人的意料,也出乎国际社会的意料。

1972年的中国处于"文化大革命"动乱十年的后半期。人们脑子里充满了极左情绪,对待世界环境问题,采取事不关己、幸灾乐祸的态度。当时政府官员认为,社会主义制度不可能产生污染,没有世界性的环境和生态危机,公害是资本主义罪恶制度的产物。其实,中国的工业污染、城市污染和江河污染已经非常严重了。[1] 1972年,我国地理和气象学家竺可桢仔细观察后发现,北京由于空气严重污染已经是"鸦雀无声"了。一是不易听到鸟鸣,二是"四人帮"倒行逆施,老百姓"鸦雀无声"。[2] 这个"鸦雀无声",准确地形容了当时中国的环

---

1 (美)芭芭拉·沃德、勒内·杜博斯:《只有一个地球》(《国外公害丛书》编委会译校),吉林人民出版社,1997年12月第1版。

2 《纪念科学家竺可桢论文集》,北京:科学普及出版社1982年版,第223页。

境状况和政治氛围。

在代表团的组成上由国家计委、外交部、燃料化学部、卫生部、冶金部、二机部、轻工部、农林部、海洋局、北京市、上海市和新华社等部门和单位人员组成,共31人。[1] 其中的二机部即第二机械工业部,主管核工业和核武器,1982年改名为核工业部。会议期间中国代表团就核试验与核武器问题与西方国家进行了激烈斗争。在参会目的上,周恩来也有比较实际的要求。临行前,他指示代表团:"通过这次会议,了解世界环境状况和各国环境问题对经济、社会发展的重大影响,并以此作为镜子,认识中国的环境问题。"[2]

中国没有参加会议的筹备工作,与会前也没有宣布自己的观点。当时的国际舆论认为,中国是一张不明朗的牌。

把毛主席语录写入《人类环境宣言》

1972年6月5日至16日,人类环境会议在瑞典首都斯德哥尔摩召开。112个国家参与,社会主义阵营只有中国、罗马尼亚和南斯拉夫。1971年10月,联合国恢复了新中国的合法席位。这次会议是中国重返联合国后参加的第一次大型国际会议,是新中国重返世界体系的亮相之举。虽然代表团级别不高,但是政治意义不可低估。会议期间,中国主要谈政治,做政治斗争。对世界环境问题谈得不多,因为知之甚少。

对于这次会议,中国人做好了斗争准备,但是没打算去搅局。

---

1 外交部、燃化部关于参加人类环境会议代表团人员组成的请示,载曲格平、彭近新主编:《环境觉醒:人类环境会议和中国第一次环境保护会议》,北京:中国环境科学出版社,2010年版,第204—205页。

2 《周恩来年谱(1949——1976)》下卷,中共中央文献研究室(编),北京:中央文献出版社,1997年5月第1版,第528页。

气候到底怎么了

人类环境会议的主要目标是发表一个宣言，以此昭示天下，环境问题很重要，大家齐心协力共同应对。大会筹委会组织专家花了18个月起草了这份宣言，虽然它不具有法律约束力，但是毕竟是联合国会议的成果，有道义上的规范作用。对于这个宣言，中国的对策是"斗而不破"。出发前，中国了解到，宣言草案是各方妥协的结果，就是一个"大杂烩"，发展中国家对草案不满。如果中国在大会上反对草案通过，就会背上阻挠国际社会保护世界环境的恶名，因此中国做好了不投票的准备。[1]

中国代表团抵达后，加拿大、瑞典和英国代表主动来谈宣言。他们把宣言比喻成一个巧妙平衡的建筑，只要动一块砖，整个建筑就会坍塌。开会前两天，中国代表团宴请大会秘书长斯特朗和他的美国顾问温特。温特建议，中国在宣言表决时弃权。注意，中国的预案是不投票，不是弃权。弃权的前提是参与，而不投票可以理解为，有分歧，中途退出。按照当时的国内政治环境，不投票更保险。事后证明，多虑了。最后通过宣言的时候，采用了鼓掌的办法。

毛主席的几段话写进了《人类环境宣言》，这是中国代表团坚持斗争的成果。"人类总得不断地总结经验，有所发现，有所发明，有所创造，有所前进。"写进前言第三款第一句。"世间一切事物中，人是第一个可宝贵的。"写进了前言第五款。"我们需要的是热烈而镇定的情绪，紧张而有秩序的工作。"写入第六款。[2] 仔细琢磨这几句话，没有标新立异的成分，却把新中国领导人和世界环保事业联系起来了。

功德无量！

---

1 外交部、燃化部关于出席人类环境会议方案的请示，载曲格平 彭近新（主编）：《环境觉醒：人类环境会议和中国第一次环境保护会议》，北京：中国环境科学出版社，2010年3月版，第209—210页。

2 王之佳：《中国环境外交（上）——从斯德哥尔摩到里约热内卢》，北京：中国环境科学出版社，2012年版，第97页。

下篇　气候变化里的中国与世界

放空炮

在会议进程中，中国很引人注目，因为中国敢说。想说的、该说的话，中国都说了。当然，人家要办的事情，中国也没拦着。这种做法叫放空炮。20世纪整个70年代，中国在联合国的各种会议上，放空炮的时候居多。

举一个例子。下面这一段是中国代表团团长唐克1972年6月10日在全体会议上的发言。

> "某些地区的公害之所以日益严重，成为突出的问题，主要是由于资本主义发展到帝国主义，特别是由于超级大国疯狂推行掠夺政策、侵略政策和战争政策造成的。……中国人民在长期的革命斗争实践中体会到，只有发展独立的民族工业，才能不断提高人民生活，才能是国家繁荣富强。当然，工业发展了，会引起对环境的污染。……工业发展中带来的问题，是可以解决的。……任何国家不得借口环境保护，损害发展中国家的利益。国际上任何有关改善人类环境的政策与措施，都应该尊重各国的主权和经济利益，符合发展中国家的当前和长远利益。"[1]

这一段反映了当时中国对环境问题的认识，的确有偏颇之处。但是，中国最担心的，是西方借环境问题干涉主权和经济发展。仔细想想，你敢说当今的气候外交里没有这种顾虑吗？这种顾虑没有理由吗？所以，上面这一段的最后一句话，有水平，有远见。

唐克在发言中还用很大篇幅强烈谴责"美帝国主义在侵略越南、

---

[1] 唐克团长在人类环境会议上发言阐述我国对维护和改善人类环境问题的主张（一九七二年六月十日），《我国代表团出席联合国有关会议文件集（1972年）》，人民出版社，1972年10月第一版，内部发行，第267—268页。

柬埔寨和老挝的战争"中的"野蛮暴行"。此外，唐克指出"南朝鲜和南越傀儡集团的代表出席会议，是完全非法的。"[1]

中国代表团团长的发言，让世界大吃一惊。美国《纽约时报》发表了一篇文章，《斯德哥尔摩：中国的攻击使会议处于危险状态》。文章称："尼克松总统整个周六下午一直从白宫打电话，同美国代表团团长特雷恩保持联系，他对中国人的做法非常生气。"合众社发的消息称，中国的发言主要谈外交政策，而不是环境问题。日本《朝日新闻》报道，中国代表的讲话受到不发达国家的欢迎，他们表现出很好的反应。内罗毕代表兴奋地说："其他国家代表没能说的话，（中国代表）一针见血地替我们说了，不发达国家的团结将进一步得到加强。"6月11日下午的第13次全体会议上，美国代表在答辩中说，唐克10日的发言是"不适当的充满带有政治和意识形态色彩的谩骂"，讨论了与议程无关的问题。

1972年6月11日的《人民日报》用一整版的篇幅刊登了唐克的发言。

对中国来说，联合国人类环境会议相当于环境问题启蒙教育。让中国代表团吃惊的是，中国所理解的环境问题和世界所谈论的环境问题大不相同。中国认为环境问题只是局部的"工业三废污染"——废水、废气、废渣，而其他国家谈论的却是生物圈、水圈、大气圈、森林生态系统等"大环境""大问题"。中国参会的主要精力放在政治斗争上，回国后提交总结报告对环境与发展几乎只字未提，这恰恰是大会的中心议题。但是会没有白开，代表团通过会议认识到中国的城市和江河污染不亚于西方，自然生态的破坏程度远在西方国家之上。

---

1 唐克团长在人类环境会议上发言阐述我国对维护和改善人类环境问题的主张（一九七二年六月十日），《我国代表团出席联合国有关会议文件集（1972年）》，人民出版社，1972年10月第一版，内部发行，第257—258页、第267页。

这些认识为中国国内环保事业的开创引入了外来的刺激和推动力。[1]

　　人类环境会议没有涉及当今意义上的气候变化（climatic change）问题。会议成果文件《人类环境行动计划》中两次提到"气候变化"（climatic change）这个词。但是当时对于气候变化是否由人类活动导致这一核心问题尚无定论。后来气候变化被提上国际议程，关键性的论断就是，人类活动引起全球变暖。这是1988年底政府间气候变化专业委员会（IPCC）成立以后的事情了。

1　(美)芭芭拉·沃德、勒内·杜博斯：《只有一个地球》（《国外公害丛书》编委会译校），吉林人民出版社，1997年12月第1版。

气象部门率先对外开放

1972年的联合国人类环境会议给中国恶补了一下环保知识。参会代表猛然醒悟,原来中国的污染不但不亚于西方,而且生态破坏已然赶超西方。代表团回国后写报告,会议主题——环境与发展——几乎只字未提,主要汇报国际政治斗争如何取得胜利。好在周恩来、李先念、余秋里这些国务院领导通过各种渠道得知中国代表团所见、所闻、所感、所悟。但是迫于当时国内政局动荡的大环境,不可能在环保上花费太多精力。

"文化大革命"1966年开始,1976年结束。但是,仍有一批勤奋的领导人和官员兢兢业业做事。比如,利用美苏矛盾,缓和中美关系,直至中美建交。这件事做得很漂亮,运作过程贯穿整个70年代。中美关系的突破,为改革开放打下扎实的基础。因为对外开放的最主要对象,是美国。

对外开放是国家大战略。气象部门既是先行者,也是一个注脚。正是因为气象部门率先走出国门,中国才在后来的气候谈判中占了先机。这件事情说来话长,要先交代一下20世纪70和80年代国内外环保发展的大概脉络。

一档起步 二档上路

如果把国家建设比喻成开车,20世纪70年代,中国就是一辆摇摇晃晃、快散架的大车。70年代后半段,开始大修,发动机、档位和行车路线全换了。进入80年代,车开始加速,一路飞奔到今天。环保只能算这辆大车上的小零件,出了毛病就敲打一下,没费太多精力。但是随着时间的推移,这个小零件的重要性越来越明显。

2013年,耄耋之年的环保老人曲格平向《南方周末》记者透露了一个秘密。20世纪70年代初,国务院环境保护领导小组发布了一个十年环境污染治理规划:用五年时间控制环境污染,用十年时间解决环境污染问题。[1] 曲格平1969年被调到国务院工作,因为负责联系燃料化学工业部,从此与污染结缘。1987年到1992年,他担任中国环保局首任局长。注意,曲老透露的这个计划中"控制"和"解决"这两个词。这说明,当时中国有污染,政府也看到了,并且决心在十年之内解决问题。当然,直到今天,多少个十年过去了,"解决环境污染问题"收效却没那么明显。

国际上的环保合作也没什么进展,因为各国所处发展阶段不同。发达国家搞得很热闹,环保运动风生水起。80年代初,绿党在欧洲成了气候,登上政治舞台。但是大批发展中国家刚刚赶走殖民者,当家作主的日子不长。印度总理英吉拉·甘地有一句名言,贫困是最大的污染者。生存压力首当其冲,保护环境得往后放。

发展阶段不同,观念迥异。发达国家与发展中国家之间在环境保护合作上没有实质性进展。有限的合作,无外乎继续开会、发宣言、提出新理念,都是造声势的活动。1972年联合国人类环境会议之后的20年,也就这么过来了。

打个比方,1972年之后的世界环保合作和中国环保事业发展犹如开慢车。一档起步,二档行驶。由于速度太慢,一直没有换高速档的机会。这趟慢车一直开到1992年的联合国环境与发展大会。

---

[1] 曲格平:四十年环保"锥心之痛",《南方周末》编著:《中国梦:38个践行者的故事》,21世纪出版社,2014年版。

1992年大会的亮点，是各国首脑签署《联合国气候变化框架公约》（UNFCCC）。

世界气象组织

气候变化一度停留在科学家的象牙塔里。直到80年代末期，联合国才把气候问题列上议事日程。这个过程的主要推动力量，是联合国环境规划署（UNEP）和世界气象组织（WMO）。UNEP成立于1973年初，是1972年人类环境会议的成果，总部在肯尼亚首都内罗毕。这是联合国设在发展中国家的第一个直属机构，以示对发展中国家的团结和重视。

◇联合国环境规划署和世界气象组织的官方标志
　（联合国官网下载）

相比之下，WMO是老大哥，有100多年历史，比联合国资格还老。它的前身叫国际气象组织，1873就成立了，属于民间组织。1947年，42个国家的气象局长在华盛顿开了一个会，起草了世界气象公约。1950年公约生效，WMO成为政府间组织。1945年联合国成立。这个时候，联合国和WMO是两个独立机构，但是彼此有合作愿望。联合国需要WMO充实具体工作，WMO需要联合国壮大自己。1951年底，WMO成为联合国的专门机构。专门机构的英文是specialized agency，其实译成"专业机构"更合适。

UNEP是联合国直属机构，政治性更强一些。UNEP和WMO从专业和政治两方面不断推动，气候变化才登上联合国议程。这是后话。

中国是WMO的创始成员国。1947年47国开会定世界气候公约的时候，国民党政府的气象局长去了。1949年新中国成立后，国民党政府跑到台湾。新中国几次要求WMO驱逐台湾当局。但是，联合国

◇位于日内瓦的世界气象组织（IMO）办公大楼 2007年6月

的中国席位还被台湾占着，下属机构自然不会有动作。1971年10月25日，联合国大会通过决议，恢复中华人民共和国在联合国的一切合法权利，并且在联合国及其所属机构中驱逐台湾当局代表。此后，新中国顺理成章地进入联合国所属机构。

中国加入WMO

有一个人对中国加入WMO的经过非常熟悉，他叫骆继宾。20世纪70年代在日内瓦担任WMO秘书处气候办公室主任。他是新中国成立后，WMO里的第一位中国籍雇员。2015年3月10日下午，在中国气象局老干部活动中心，我见到骆继宾。老人家83岁，21岁大学毕业就在

气候 到底怎么了

中央气象台当预报员，退休时担任中国气象局副局长。20世纪70年代初，中央气象局加入WMO，骆老是亲历者。

1971年10月25日，联合国恢复了新中国的合法席位。对中国来说，进入联合国下属机构成了迫在眉睫的外交问题。11月12日，外交部长姬鹏飞召集开会。会上，他列举了要进入的机构，第一个就是气象局。气象局随后成立了外事小组，落实上级指示，骆继宾是组长。

◇原中国气象局副局长骆继宾
　2015年3月　北京

骆老回忆，要进WMO，先要弄清这个机构的原原本本。譬如台湾跟它什么关系，这是至关重要的。当时手里材料不多，因为中国不是联合国成员，联合国的文件也不发给我们。

冷战时期，世界上有两大阵营。一片儿归美帝，一片儿归苏修。中国反两霸，跟着美帝苏修混的小兄弟哪个敢跟中国好？再加上国内"文革"的"极左"路线干扰外交，中国在国际上处于封闭、孤立状态。那个时候，跟中国有点来往的，一个是朝鲜，另一个是阿尔巴尼亚。朝鲜不是联合国成员国，帮不上忙。阿尔巴尼亚虽然后来跟中国翻脸，但是恢复新中国在联合国合法权利的提案，乃阿尔巴尼亚等国所为。于是，骆继宾通过外交部从阿尔巴尼亚弄到了WMO的全部基本文件。

11月26日，外交部长姬鹏飞布置任务的两周之后，骆继宾的外事组完成了"关于进入联合国世界气象组织的请示报告"。报告建议中国在WMO驱逐台湾后加入。这里有一个技术问题。虽然联合国已经驱逐了台湾，但是联合国的专门机构相对独立，联合国成员不能自动成为专门机构的成员。

当时的中央气象局归军队的总参谋部管,于是这份报告上报到主持军委日常工作的叶剑英手上。叶帅用红色粗铅笔逐字逐句重新打了标点符号,并要求报告起草人以总参和外交部的名义起草联合报告送周恩来总理。周总理不但批示了,还送到毛主席那里。这是骆继宾没有想到的。

周总理在报告上批示:"拟同意,即呈主席、**、**、剑英、先念同志批示,退外交部办。"毛主席在"主席"两个字上用红铅笔画了一个圈,以示同意,并在"世界气象组织"几个字下划了一个红杠。我们真没有想到这份报告竟会呈送毛主席亲自圈阅,看到批回来的文件,我们久久凝望,深深感到毛主席和周总理对我们气象工作的国际交往是多么重视,也感到我们所肩负责任的重大。[1]

根据骆继宾的回忆,外交部告诉他,WMO是联合国所属的十几个专门机构中中国政府正式批准加入的第一个专门机构。为此,气象局的人欢欣鼓舞。但是,根据WMO的章程,驱逐台湾、解决新中国的"会籍",需要世界气象大会上投票。气象大会四年一开,1971年刚开过一次。如果等四年,就要到1975年了。当时的WMO秘书长叫戴维斯,英国人,对华友好。他和WMO主席,埃及的气象局长塔哈商量了一下,果断决定用通信投票方式解决问题。

1972年2月底,通信投票结果揭晓:发出表决票123张,收回99张,赞成票70张,反对票21张,弃权票8张。WMO秘书长致函各成员国外交部长,通报结果并宣布中华人民共和国是中国在WMO唯一合法代表。之后,中央气象局副局长张乃召出访WMO,WMO秘书长应邀

---

[1] 骆继宾:我国在世界气象组织中合法席位恢复的经过,《中国气象报》,1992年2月24日。

访华。一回生二回熟。互访之后,1973年春天,WMO再次通过通讯投票的办法,补选张乃召进入领导班子——WMO执行委员会。这一年秋天,WMO组织百年庆典,张乃召和正局长邹竞蒙到维也纳和日内瓦参加活动,第一次出席了WMO执委会会议。同去的还有骆继宾。

20世纪70年代初期,WMO对中国来说不仅仅是一个国际组织,更是一扇通往外部世界的门。20世纪80年代初,气象局局长邹竞蒙先当了WMO第二副主席,接着连任两届主席。虽然WMO的日常工作由秘书长负责,但是当选主席说明中国地位的提高。主管气象局工作的国务委员宋健曾说过:"十一届三中全会以后,气象部门率先实行了对外开放。"

中国仍然是个谜

1979年4月,骆继宾被派往日内瓦的WMO秘书处工作。他是WMO的第一任中国雇员。骆继宾加入WMO的第一个职务就是世界气候计划办公室主任。世界气候计划是1972年2月世界气候大会的成果。这次大会也叫第一次世界气候大会,是WMO在日内瓦召开的。大会提出一个论点,人类活动和气候相互影响。这个论点把气候和社会经济发展联系起来,为气候问题走出科学家圈子打下了基础。

骆继宾当上气候办主任后,负责世界气候计划的组织和协调工作。由于WMO不做研究,他聘请了美国和加拿大的气候专家搞研究,开研讨会。到了80年代初,西方科学界的主流观点是,大气中二氧化碳等温室气体含量增加将导致全球变暖。这个观点逐渐引起媒体和政府的关注。但是,由于科学分歧较大,尚不足以影响政治决策。

跟骆老聊气候变化的陈年往事,最大的感受是中国变化如此之大。当然,世界也变了。

譬如,WMO并非第一个接纳新中国的联合国组织,而是经中央批准后正式进入的联合国组织。为什么会这样呢？因为当时对于进哪个、不进哪个，中央有权衡。联合国恢复新中国合法席位后，教科文组织（UNESCO）、粮农组织（FAO）、劳工组织（ILO）都立即宣布驱逐台湾，但是新中国进入的时间都要晚一些。劳工组织（ILO）牵扯到资方、劳工和政府三方代表，中国政府权衡再三，1983年才正式恢复活动。

还有，骆继宾的外国同事曾经说，见到他之前以为中国政府官员只会长篇大论宣传革命道理，因为电视上都是红卫兵疯狂挥舞小红书游行的镜头。没想到中国人来了，穿着深色中山装，端坐会场，极少发言。散会后，中国代表也极少与别人沟通。对外国人来说，中国仍然是个谜。七八十年代派到国外去的官员大多数因为语言问题，无法沟通。大会发言更要小心翼翼，外交部的指示经常是"多听少说"。所以，跟中国无关的问题，不发言。有关的问题，照稿子念。发言稿要提前拟好，尽量简短，事先请示外交部。有些请示还要发电报，等国内批回来，议题都讨论完了，还要要求会议主席允许补充发言。由于请示环节冗长，言不对题的尴尬更让外国人难以理解。

骆老很健谈，一口气跟我聊了两个小时。送他回家的路上，他发了些感慨。现在的年轻人赶上好时候了，当年在联合国工作，发了工资都上交国家，每个月只发几个零用钱。外国人约我们出去玩，我们都不敢答应，手里没钱啊。

现在不同了，中国人全世界疯狂购物，都买断了货。

气候变了。

科学家的政治舞台

干大事，要从脑子入手。比如闹革命，一定是传播革命思想先于开展武装斗争。对广大群众晓之以理、动之以情，之后振臂一呼、应者云集。星星之火遂成燎原之势。

地球人应对气候变化也是同样道理。气候如何变化，原本是科学问题。问题再严重，象牙塔外面的人无从知晓。无从知晓，自然无动于衷。于是，需要搭一座桥。让科学家走出象牙塔，把知识传递给政治家和老百姓，让全世界通晓利害，有所行动。谁来搭这座桥呢？

IPCC——政府间气候变化专门委员会。

1988年11月，两个联合国机构——世界气象组织（WMO）和环境发展规划署（UNEP）——联合发起了IPCC。IPCC通过发表气候变化评估报告，为决策者提供科学知识和政策建议。迄今为止，IPCC一共发表了五份评估报告。近30年来，《联合国气候变化框架公约》、《京都议定书》和巴厘路线图从无到有，IPCC是不可或缺的智力推手。同时，大众媒体以报告为原材料制造社会舆论，提高全世界对全球变暖严重性的认识。打个比方，IPCC既是吹鼓手，又是精神领袖，它用科学知识推动百姓和政府一起往前走。

◇IPCC的标志
联合国网站图片

IPCC的政治

2007年,气候变化议题骤然升级。4月,联合国安理会首次就能源、气候变化与国际安全的关系进行公开辩论。同年10月,挪威诺贝尔委员会宣布,当年的和平奖将授予IPCC和美国前任副总统戈尔。新闻发布稿里列了两项获奖理由,一是IPCC和戈尔提高了世界对气候变化的认识,二是他们广泛传播人类行为导致气候变化的知识。安理会讨论气候问题、科学组织获得诺贝尔和平奖,都是前所未有的事情。这两件事情的内在逻辑是,气候变化问题进入高级政治领域。气候问题得到前所未有的关注,IPCC功不可没。

诺贝尔委员会公布获奖人之后,邀请IPCC的第一任主席,瑞典人柏林(Bert Bolin)代表IPCC参加颁奖典礼。1988年至1997年,柏林连任两届IPCC主席。但是柏林病重,他在最后一刻取消了行程。2007年12月10日,诺贝尔和平奖颁奖典礼在挪威奥斯陆举行,时任IPCC主席的印度人帕乔里(Rajendra Pachauri)和美国前任副总统戈尔接受了金质奖章和证书。12日,帕乔里和戈尔应邀前往斯德哥尔摩的瑞典议会发表演讲。瑞典议会议长和政府总理

◇柏林Bert Bolin
斯德哥尔摩大学 2008年发布

将柏林安排在前排就座,给予他很高的荣誉。12月30日,柏林与世长辞,享年82岁。三天后,2008年1月2日,《瑞典日报》发表了柏林与瑞典前环境大使Bo Kjellen合写的评论"严重但并非绝望"(Serious but not Hopeless）。文章的主题是气候变化。

柏林是一个"跨界"人物，也就是我们常说的复合型人才。他首先是科学家，气象学科班出身。柏林在斯德哥尔摩大学拿到气象学硕士和博士学位后，1961年开始担任气象学教授。早在1959年，他就发表论文，预测2000年大气中的二氧化碳浓度的增加幅度。同年5月，他前往华盛顿，在美国国家科学院警告世人，一旦世纪末大气中二氧化碳浓度增加25%，地球将面临严重后果。柏林的超前研究使他成为全球大气研究项目（GARP）的主任。在世界气象组织（WMO）的帮助下，GARP后来扩大为世界气候研究项目（WCRP）。在这些跨国科学研究项目中，柏林表现出非凡的组织能力。80年代中期，柏林撰写了一份报告，五百多页。报告以警告的语气提出，世纪末地球增温幅度将超乎以往。这份报告直接导致了1988年底IPCC的成立。IPCC主席人选非柏林莫属。

柏林去世后，世界主流媒体发布的讣告都高度评价他的政治和外交技巧。这些技巧用俗话说就是"能忽悠""会忽悠"，也可以叫"宣传"或者"议程设置"。柏林通过IPCC把科学界的共识呈现在世界各国政要面前，并且让越来越多的老百姓认识问题的严重性。没有政治力量和世界舆论支持，气候变化根本不可能成为今天炙手可热的国际议题。IPCC是世界科学史上前所未有的机构，柏林的能耐在于把各国科学家组织在一起，充分利用联合国的平台，说服全世界认真对待气候变化。在柏林的任期里，IPCC发布了两份气候变化评估报告，直接推动国际气候谈判。1990第一份报告发布，1992年《联合国气候变化框架公约》诞生。1992年第二份报告发布，1997年《京都议定书》问世。这两份法律文件至今还是国际气候谈判的法律基础。

用知识推动社会进步，关键环节是说服各国领导人。只有政治家可以最直接地动员社会资源，采取行动。但是，政治家的行为受到各种利益集团的影响。譬如，IPCC的气候变化评估报告从一开始就受到

下篇 气候变化里的中国与世界

美国政府的质疑,特别是共和党人的怀疑与反驳。这些质疑的声音往往和能源集团、石油公司以及世界主要产油国相联系。因为减排温室气体意味着减少使用化石能源,靠石油吃饭的当然反对。柏林不仅自己要站在科学的立场上维护IPCC报告的权威性,同时还要尽量保持政治上的中立,以免卷入政治争端。两者平衡的拿捏,需要智慧和勇气。

例如,1990年的第一份评估报告对气候变化的成因给出一个模棱两可的结论:近百年的气候变化可能是自然的波动,也可能是人类活动造成的,或者是两方面共同影响造成的。报告问世后,有人攻击IPCC,说编写报告的科学家是一个小群体,他们"利用科学上的模糊性",夸大全球变暖的风险,为自己的科研活动筹集经费。对此,柏林的回复是,不确定性是现实,但是不确定性不会消除风险。随着时间的推移,关于不确定性的争论虽然此起彼伏,但是世界舆论已经倾向于IPCC的报告结果。2014年11月初,IPCC第五次评估报告确认了世界各地都在发生气候变化,气候系统变暖毋庸置疑。报告指出人类对气候系统的影响是明确的,而且这种影响在不断增强。如果任其发展,气候变化将增强对人类和生态系统造成严重、普遍和不可逆转影响的可能性。

与柏林相比,他的继任者英国人沃森(Robert Watson)就比较张扬了。2001年小布什就任美国总统没几天,沃森在IPCC会议上直言:"一面发展经济,一面保持环境敏感性,这方面

◇接替柏林担任IPCC主席的英国人沃森,迫于美国压力沃森没有连任
　网络图片

气候 到底怎么了

中国比美国做得好。"2004年4月，IPCC主席换届选举前后，美国放出风来，反对他连任，支持印度人帕乔里。尽管欧洲国家联名提名沃森连任，但是美国做通了石油出产国和很多发展中国家的工作。投票中，沃森输给了帕乔里。投票揭晓时，环保组织大喊"埃克森"。埃克森美孚公司（Exxon Mobil）是世界最大的非政府石油天然气生产商，总部设在美国德克萨斯州，小布什的老家。数年后，美国政府文件解密，这件事情得到证实。2001年小布什就职一周后，埃克森科学主管给布什发了一份传真，上面说："现在美国可以要求换下沃森了吗？"可见，沃森因为不懂政治丢了官。其实，IPCC主席算不上官，它只是一个政府间国际组织。但是，其政治性可见一斑。

◇IPCC的第三位主席印度人帕乔里，2015年辞职
网络图片

帕乔里在IPCC主席任上并没有给发展中国家争脸。2007年，IPCC的一份报告预测"喜马拉雅冰川可能会在2035年以前消失"。事后IPCC致歉，但是帕乔里拒绝引咎辞职，时称"冰川门"事件。获得诺贝尔和平奖后，帕乔里的巨额个人财富和"高碳"生活方式引来媒体广泛关

注。在印度,帕乔里主持印度能源与资源研究所(TERI)的工作。他的豪宅价值4500万人民币。他家距办公地点不到两公里,却天天叫司机接他上下班。帕乔里家中共有五辆汽车,自己用三辆,老婆孩子各用一辆。2015年2月,帕乔里办公室29岁的女职员到警察局报案,说老板对她性骚扰。在一片舆论哗然中,75岁的帕乔里辞去了IPCC主席职务。

走进IPCC秘书处

IPCC秘书处设在世界气象组织(WMO)大楼里,只有一个房间。要不是我去看了一眼,很难想象折腾出这么大动静的政府间国际组织,居然就在这样一个楼道里向全世界科学家发号施令。在日内瓦的WMO总部,我采访了他们的正、副两位秘书长。秘书长亚罗告诉

◇IPCC秘书处设在这个楼道左边的一间办公室内
2007年6月

气候 到底怎么了

我，IPCC报告是科学家和政治家谈判谈出来的。副秘书长颜宏说，IPCC是科学家的政治舞台，政治家的科学殿堂。总而言之，IPCC游走于科学与政治之间。

2007年6月初，联合国国际减灾战略规划署（UNISDR）在日内瓦国际会议中心召开国际减灾会议。主会场外，有很多各种国际组织主办的发布会、研讨会。参加各种会议的间隙，世界气象组织（WMO）的新闻官找到我，递了张名片。她说，你肯定想见见我的老板，他是中国人。我说，好，咱们约个时间聊聊。两天后，我走进了WMO总部。

这是一幢蓝色的玻璃大楼，矗立在路边，十分醒目。新闻官帮我约的人叫颜宏，WMO的副秘书长。2001年，担任中国气象局副局长的

◇WMO总部玻璃大楼
　2007年6月

颜宏竞选成功，被任命为WMO助理秘书长。当时参加竞选的有来自13个国家的17位候选人，颜宏脱颖而出。2004年，经过秘书长米歇尔·雅罗（Michel Jarraud）的提名，颜宏被任命为副秘书长。

雅罗是法国人，他比较强调IPCC报告的科学性。见颜宏的前几天，在一次早餐会上，我跟雅罗聊过几句。我问他，IPCC的报告是不是科学家和政治家谈判谈出来的？他说，是。IPCC是个政府间组织，各国科学家共同编纂的气候变化评估报告须经各国政府批准后，才能由IPCC发布。雅罗的解释是，科学家的研究成果公诸于世，过程当然是谈判，但是关键在于政治没有改变科学。报告是大批科学家撰写的，各国政府通过了，科学信息是完整的，可信性很强。至于各国政府是否据此决策，IPCC无法控制。IPCC根据现有资料提供可信的科学证据，为政府决策提供科学依据。

雅罗没有否认IPCC的政治性，因为政治是一个过程。在这个过程中，虽然科学知识、研究成果不能被修改，但是可以删掉、增加。就像钻石和石墨，一样的元素，排列方式和结构不同，形态自然不一样。

颜宏很健谈，也很坦率。他不避讳IPCC的政治性。他说，IPCC不是单纯的科学，也不是政治。它是科学家的政治舞台，政治家的科学殿堂。它为政治家的决策提供科学依据。WMO是联合国负责天气、气候、水的专门机构。UNEP不是联合国专门机构，是一个单元。1988年开始两家联合建立了IPCC，提供比较官方的对于全球气候变化的评价，但是不制定政策，这一点非常明确。IPCC不做科学研究，而是组织科学家，根据已经获得的共识进行评估，即"具有政策相关性，但不具有政策指示性"。

我请颜宏举个例子，讲讲相关性和指示性的区别。他说，IPCC讲的对策是从科学研究角度出发，比如减排，有哪些途径可以减排都写上了。至于某个国家怎么做？采取什么能源政策，它不讲。拿中国来说，过分强调减排，一刀切，压抑延缓中国发展势头，中国肯定不能接受。所以，IPCC报告里都有减排途径，但是怎么掌握度的问题，减排多少，报告并没有非常明确地讲。

我又问颜宏，听说IPCC汇集了世界各国的几千个科学家，却不支付工作报酬，这是为什么？他说，这是个好问题。首先，科学家有责任感和环境保护意识。第二，IPCC各工作组提出撰写报告的科学家名单后要征求各国政府意见，同意了才正式聘请。这是国家行为，IPCC是政府间气候变化委员会，下达任务要通过各国政府。同时，各国政府承诺IPCC，选派本国科学家参与报告编写。科学家起草报告后，同行要审查。同行审查后，政府也要审查。由于代表国家意见，那都是逐字逐句逐行的审查。工作中，各国政府是否给有关科学家设立课题，批经费，各国政策不同。但是，IPCC秘书处肯定不发工资。

所以，从钱上看，各国政府对科学家的影响比IPCC大。

中国科学家与IPCC报告

2007年12月10日，挪威首都奥斯陆市政厅。25位科学家代表IPCC出席诺贝尔和平奖颁奖典礼。这25人是从IPCC4000多名科学家中挑选出来的。其中一位来自中国，他叫秦大河，在IPCC担任第一工作组联合主席。

秦大河是个传奇人物。他曾经徒步横穿南极，亲手在南极点升起了五星红旗。这次壮举，为秦大河后来的成就打下坚实基础。1989年7月28日到1990年3月3日，美、法、英、日、苏、中六国六位队员历时220天，行程5986公里，徒步穿越南极。这是人类第一次徒步横穿南极，当年是轰动世界的冒险之旅。1993年，《秦大河横穿南极日记》出版，其中的几行文字颇为悲壮：

"1989年6月27日，当我告别80高龄的双亲，和因车祸受伤卧

下篇 气候变化里的中国与世界

床医院的妻子钦珂分手之后,我那上中学的儿子一直送我到兰州机场……。我带着放不下的那颗心,告别了亲人和黄土高坡,我不知道安全返回有没有把握。"

人生一世,关键时刻要听从内心的召唤。1988年4月,秦大河正在南极"长城站"工作。他得知中国应邀参加国际横穿南极考察队后,立即毛遂自荐。但是晚了,人选已定,他只能当候补。后来,原定人选生病,秦大河补上了。机遇除了偏爱有准备的头脑,还需要几分幸运。徒步横穿南极,风险极大。当时没有GPS卫星定位系统,科考队除了六个人,还有41条爱斯基摩种狼狗和三个雪橇。他们面对的,是零下50℃的低温严寒,和随时可能发生的暴风雪。那时候,秦大河42岁。虽然年富力强,但已经不是冒险的年龄了。

出发前,医生拔掉了秦大河十颗牙。如果牙不好,一旦疼痛发炎,就毫无办法。只要两顿饭吃不好,在体力消耗极大的情况下,肯

◇徒步横穿南极的6名队员,他们分别来自美、法、英、日、苏、中六国
　网络图片

定要出危险。秦大河后来回忆,这大概就是武装到牙齿吧。秦大河一米八四的大高个儿,横穿南极之前82公斤,之后69公斤。可见此行之艰辛。他带回来八百多瓶雪样,为了这些科研一手材料,秦大河丢掉了几乎所有衣服,只穿一厚一薄两件绒衣。这股拼劲儿,同行队员说他疯狂。

秦大河属于专业和行政"双肩挑"的干部。他既是中国科学院院士,也曾任中国气象局局长。他的研究领域是中国冰冻圈,通俗的说就是冰川。冰川是气候变化的指示器。秦大河从1995年起参加IPCC报告评审工作,并作为主要作者承担了第三次评估报告(1997—2001)中气候变化与海平面升降的科学评价。在第四次评估报告(2002—2007)中,秦大河院士为七人核心小组成员之一和第一工作组联合主席,全面负责第一工作组的工作。2008年,秦大河连任IPCC第一工作组联合主席,负责IPCC第五次评估报告相关内容的编写。

IPCC第五次评估报告由800多名科学家参与编写,其中43位中国科学家担任主要作者。IPCC的报告分三个部分,由三个工作组负责。第一工作组:物理学基础。第二工作组:影响、适应和脆弱性。第三工作组:减缓气候变化——以及国家温室气体清单专题组。

截至2014年11月,IPCC第五次评估报告的三个部分已经陆续发布。其中第一工作组有中国专家18名,他们把中国和亚洲区域很多气候变化的研究成果融入了报告。第一工作组评估了九千二百多份著作,中国科学家的著作占了4%。秦大河说,这是一个了不起的进步,因为在第三次、第四次报告中,中国科学家著作贡献只有1.2%、1.3%,这次翻了3倍。

意义何在呢?科学无国界,但是科学家有国籍。IPCC的报告的最终目的是为各国领导人提供政治决策的科学依据。如果科学上没有话语权,政治上的话语权从何而来?

中国被拉进气候谈判

国际气候谈判始于20世纪80年代后期,中国是被拉进去的。一开始,中国并没有搞清楚气候问题涉及面之广、牵扯国家利益之重,国内也没有对接的部门。但是,我们有"外交无小事"的传统,再加上学习能力强,所以一边出国开会,一边在国内搭班子,研究对策。等到起草《联合国气候变化框架公约》(以下简称《气候公约》)的时候,中国和发展中国家团结一致、据理力争,立了一个规矩——共同但有区别的责任。

这个规矩太重要了,公约里叫原则。说穿了就是,全球变暖是发达国家捅的娄子。你们排放了两百多年,过上了好日子,但是搞砸了气候。我们连温饱还没解决,当然要闷头搞建设。要减排,你们先来。我们要发展,继续排放。二十多年来,无论发达国家怎么威逼利诱,只要谈减排,中国就搬出"共区"原则,有理有据地抵挡了二十多年。没有它,经济发展又多个紧箍咒。实事求是地讲,"共区"原则为中国经济飞速发展营造了宽松的外部环境,是一份宝贵的遗产。应该感谢当年起草《气候公约》前后据理力争的中国谈判代表。

冷战结束之后的气候

联合国是气候变化国际谈判的发起者和组织者。尽管联合国主持谈判的成果和效率受到很多国家埋怨,但是迄今为止,它依然发挥着主渠道作用。除了联合国,还没有谁能把所有国家都招呼到一起,去做一件事情。

1988年11月,世界气象组织(WMO)和联合国环境规划署(UNEP)联合发起政府间气候变化专门委员会(IPCC)。这是国际气候谈判的开始。1992年5月,《气候公约》通过,标志着国际谈判法律基础的确立。有了《气候公约》,气候变化这件事在联合国就正式立项了。世界上那么多事,不能样样都办。从此以后,气候变化这件事,大家一起商量着办。

当时的国际政治气候是《气候公约》出台的大背景。从1988年到1992年,国际政治发生了巨大的变化。苏联解体,冷战结束。两个超级大国对峙了四十多年,突然间一方自动垮塌,世界大战的忧虑烟消云散。不打仗了,政治家可以腾出更多的精力解决其他问题。西方国家的环保运动早已经深入人心。七八十年代,欧洲的环保组织逐渐演变成政党,并登上政治舞台。20世纪70年代的美国,"自珍珠港遭日本袭击后,从来没有一个公共问题像环境问题那样受到所有新闻媒体的如此关注。"[1] 发达国家解决环境问题的社会基础和政治意愿都比较成熟,但是缺了关键的一项——发展中国家的配合。地球出了问题,地球人得一块修。

合作不是和谐。环境合作的双方——发达国家与发展中国家——实力和地位迥异。合作的过程叫政治。冷战期间,第三世界发展中国家是美苏两大阵营极力争取的对象。美苏不对峙了,从政治上来说,第三世界的战略优势下降。从经济上来说,发展中国家更处于劣势。80年代以后,经济全球化进程加快。从1953年到1990年,发达国家之间的贸易占世界贸易额的比例由38%上升到76%。初级的自然资源产品在世界贸易中的比重不断下降,发展中国家传统的比较优势在国际

---

[1] 转引自徐再荣:《全球环境问题与国际回应》,中国环境科学出版社,2007年版,第55页。

贸易中的影响不复存在。发达国家对改善南北关系的重视程度越来越低。人家用不着你，凭什么重视你呢？

这时候，环境问题上升到国际政治领域，发展中国家多了一个筹码。随着发达国家解决环境问题政治意愿上升，这个筹码的分量也在上升。所以，气候谈判从一开始就存在发达国家和发展中国家两大阵营对峙的局面。气候问题说到底是发展问题，发展中国家已经在国际经济和政治体系中处于劣势，绝对不能在谈判桌上再放弃发展权利。不但不能放弃，还要争取，比如资金和技术。发达国家时常批评发展中国家在气候谈判中要价过高，只顾自身利益，不顾全球利益。这实在是站着说话不腰疼。

对于中国来讲，20世纪八九十年代之交的政治气候也是可圈可点。1989年春夏之交，中国发生政治风波。以美国为首的西方国家对中国进行集体制裁。1982年到1992年担任中国外交部副部长、部长的钱其琛在自传中说，那是"担任外长10年期间，中国外交所经历的最艰难的时期"，颇有"黑云压城城欲摧"的味道。"[1] 这时，中国明确提出开展环境外交。1989年10月国务院环境保护委员会第16次会议上，国务委员宋健说："要搞好环境外交，把一些发展中国家约到一起开个会，特别是巴西、埃及、印度这些大国，在这方面如果能采取共同立场，就有利于加强我们的地位，为第三世界人民说话"。在打破西方制裁、再造良好的国际环境的工作中，环境外交成为"一个发挥特殊作用的领域"。1990年代初，"我国环境代表团是第一个与西方国家进行高层接触的代表团，对于打破西方国家对华制裁起到了先导作用。"[2]

其实，西方政治家也认识到环境合作对于缓解关系的重要性。

1　钱其琛：《外交十记》，北京：世界知识出版社，2003年版，第165页。
2　解振华：努力推进新时期环境外交工作，《环境保护》，2000年第7期。

气候到底怎么了

1989年10月28日至11月2日，美国前总统尼克松应中国政府邀请以平民身份访问北京。尼克松回国后，给国会两党领袖写了一份报告，列出恢复与中国良好关系的五点理由。其中的最后一点是，"没有世界上五分之一的人口的合作，我们怎么解决全球变暖和其他环境问题呢？"[1]

中国气候外交谈判的老前辈、外交官钟述孔曾经很直白地评价发达国家与发展中国家在环境和气候合作上的关系：发达国家想干什么事根本不用理你，说干就干了。只有保护全球环境，他得求你一块干，他有求于你。[2]

小瞧IPCC了

1988年11月政府间气候变化专门委员会（IPCC）成立大会上，只有一个中国代表参加。他叫骆继宾，当时中国气象局的副局长。成立大会上，骆局长感到气候谈判不是气象局能对付的，回国后联系其他部门搭了一个六七个人的谈判班子，自任团长，参加后续会议。1990年底，联合国大会通过决议，设立气候变化政府间谈判委员会（INC）。INC花了15个月，经过五轮六次谈判，谈出了《气候公约》。这六次谈判，中国代表团还是骆老带队参加IPCC会议的那个班底，团长换成了外交部条法司司长孙林。INC六次谈判，骆老只缺席了一次。我特意找到骆老，让他讲讲中国被拉进气候谈判的故事。

1987年5月到1995年6月，中国气象局局长邹竞蒙连续担任两届世界气象组织（WMO）主席。WMO的日常工作由秘书长在日内瓦总部主持，主席平时在自己国家上班，但是执行理事会会议要出席。1988

---

1 宫力：《邓小平与美国》，北京：中共党史出版社，2004年版，第583页。
2 对发改委应对气候变化司综合处副处长李丽艳的采访，2013年5月3日。

年夏天,邹主席出席WMO执行理事会会议。会上定下来WMO要和联合国环境规划署(UNEP)一道发起IPCC,11月份在日内瓦开成立大会。IPCC成立大会需要各国代表用英语发言,邹主席回国后把这件事交代给副手骆继宾。这个时候,外交部也把会议通知转到气象局,让气象局派员参加IPCC成立大会。

骆继宾早在1979年就曾被派驻WMO。这次邹局长交代他去开会,也没提IPCC成立的背景和目的。骆继宾以为,会上要讨论WMO成员国如何分享气候资料,或者研讨一些气象业务上的事情。但是没想到,一到瑞士就接到中国驻日内瓦办事处通知,美国大气与海洋管理局(NOAA)局长弗莱德紧急约见他。

弗莱德向骆继宾通报了欧美国家就IPCC组织领导问题的磋商结果,并征求中国的意见。"征求意见"说的比较好听,其实人家把组织架构已经搭起来了,就是开会前打个招呼。IPCC下设科学、影响和对策三个工作组,工作组主席分别由英国、苏联和美国人担任。骆继宾被提名为第三工作组,也就是对策工作组的第二副主席。骆继宾问弗莱德,主席是你当吗?弗莱德说,不是。第三工作组主席是美国副国务卿。第一副主席是加拿大环境部副部长兼气象局局长汤斯威尔女士,第三副主席是欧盟推荐的一位荷兰律师。骆继宾一看,这个小组的级别不低,四个主席和副主席里居然两个是美国和加拿大副部级干部。这时候,他开始感觉到IPCC不一般,比自己想象的复杂得多。欧美发达国家一手操办会议的举动十分明显。

会议进入讨论阶段后,骆继宾发现外国代表讨论的问题十分广泛,比如能源、水资源、小岛国被淹没等等问题。一些发言的代表指名道姓说中国既是温室气体排放大国,也是排放增长最快的国家。对于这些指责,骆继宾无从应对。因为他不知道中国温室气体的排放量有多少,国内也没有做预案,根本无法接招儿。于是,他找到中国驻日内瓦办事处,要求给国内各相关部门发电报,比如能源、环保、水利、海洋、林业等部委,通报一下会议情况。但是,大使说,不能发。气候问题不是急事,哪能同时给那么多部门发电报?人家把气候问题往政治上扯,你就要把它从政治上扯开。这就是一个科学问题。回去跟你们领导汇报吧,尽量在你们气象部门解决,别扯到其他部门。

由于大使不同意,骆继宾的电报没发成。说到这里,骆继宾感到很无奈。他说,这怎么不是政治问题呢?发展是最大的政治。能源问题不是发展问题吗?人家不让你烧煤、烧油、烧气了,你还发展什么?我们的外交官啊,不懂经济,那个时候脑子里都是台湾啊、"美帝苏修"这些政治。那个时候,国家领导人的环保意识不强,缺乏这方面知识。现在好多了。

搭起谈判班子出对策

开完了IPCC成立大会,骆继宾回来给邹竞蒙局长汇报。IPCC才开了第一次会,以后还要开,每两三个月就有一次。再这么单枪匹马去开会,太被动了。邹局长理解,气象局根本无力独当此任。于是骆继宾去各个相关部门协调。希望各个部门派能讲英文的得力干部参加IPCC后续会议。能源部、环保局、中科院、科委、计委、外交部、林业部等等一家一家走访。这些部门有的积极,有的冷淡。

几经周折,骆继宾搭了一个六七个人的班子。当时叫"气候变化协调领导小组",由国家科学技术委员会副主任李绪鄂当组长,气象局局长邹竞蒙任副组长。具体张罗事情的是骆继宾,头衔是小组办公室主任。再开IPCC的会,中国不是单枪匹马,有了代表团。从1989年下半年开始,IPCC的中国代表由邹竞蒙担任,级别提高。各部委派出的干部分别参加IPCC的三个工作组的会议,骆继宾还是IPCC第三工作组第二副主席。遇到问题,大家一商量,对案就出来了。

骆老说这辈子最紧张的一次经历就是IPCC会议期间被搞了突然袭击。一次在日内瓦开会，会议结束前主办方告诉第三工作组的几位主席、副主席会后去联合国欧洲办事处继续开会。到了地方才发现，几十个话筒已经摆好，众多记者已经到位。到了这个份儿上，躲是躲不了了，只能硬着头皮上，还要说英语。对于中国是排放大国的质疑，骆老当年是这样答复的。

1.中国的排放量虽然比较大，但中国有十二三亿人口，按人均排放量，中国还没有达到世界人均的平均排放量。

2.目前大气层中二氧化碳等温室气体的增量，主要是发达国家在过去一个多世纪的工业发展过程中所排放和积累的，责任主要在他们，因此减少排放的任务应该由发达国家开始和承担，中国排放量的增加只是近几年的事。

3.现在发达国家几乎家家有汽车，一年到头有空调，随时可以有热水洗澡，各种家用电器一应俱全。而我们国家多数人的生活方式只解决了温饱，大量的排放是广大居民做饭、取暖所排放的，许多地方冬季很冷，却还没有条件取暖。对我们国家来说要减少排放，这就等于限制和减缓我国的经济发展，让人民永远过低水平的生活。为什么发达国家可以享受如此高的生活水平，而我们就不能提高生活水平呢？难道只是因为中国的发展比发达国家晚了几十年，上百年吗？这很不公平。[1]

这个答复是骆老搭起来的谈判班子商量出的基本对策，其中的核心观点就是，发达国家对气候变化要承担主要责任，中国和发达国家一样享有平等的发展权。这个答记者问的核心观点直到现在中国依然

---

[1] 骆继宾：回忆气候变化框架公约的谈判和签署（三），《中国气象报》，2007年1月11日。

坚持。新闻发布会的第二天，骆老的几位同事主动跟他打招呼，说讲得不错。骆老特意找到了BBC广播录音，听了一下。"不流利的部分都剪掉了，挺好。"

中国高调签署《联合国气候变化框架公约》

1990年12月21日，联合国大会通过决议，设立《气候变化框架公约》政府间谈判委员会（INC），正式启动公约谈判进程。中国谈判队伍沿用了IPCC代表团的班底，由于谈的是联合国条约，中国代表团团长由外交部条法司司长孙林担任。骆继宾当时已经年近六旬，想从谈判队伍中退出来。外交部说，气候的事情气象局得参与。于是，一共谈了六次，骆老参加了五次。

这六次谈判，用骆老的话说，核心就一个，责任问题。气候变化是谁的责任？中国跟广大发展中国家互相沟通，结成联盟，异口同声地说，责任在发达国家。发达国家也承认历史责任，但是提出发展中国家现在也有责任！再说，好不容易弄出一个公约，如果只写上全球变暖的责任归发达国家，那不成了联合国制定条约谴责发达国家了吗？！所以，有些发达国家坚持要求写下各国"共同的责任"，坚持了一年不肯放弃。发展中国家则认为，"有区别的责任"表现了对历史和现实的尊重。直到1992年INC最后一次会议，才在公约第3条"原则"的第1款写下"共同但有区别的责任"（common but differentiated responsibilities）。

双方妥协

这条原则成为中国在日后气候谈判中的一个利器，有了它，中国说什么都占理。尽管发达国家可以强调"共同"责任，但是公约白纸黑字写上了"有区别的责任",想赖是赖不掉的。当年气象局派出去参加INC谈判的王邦忠曾回忆起一件趣事。日本想模糊"共区原则",说做事就好,不要讲什么原则。中国反复坚持,说做事情就要讲原则。几个回合下来,就变成日本不讲原则,中国讲原则。一度成为气候谈判的笑谈。

1992年6月3日至14日,联合国环境与发展大会在巴西里约热内卢召开。172个政府派代表参加,108个国家元首或政府首脑与会。采访大会的记者约一万多名。中国总理李鹏率领61人的代表团到会。6月11日,李鹏代表中国在联合国五大国中率先签署了《气候变化框架公约》和《生物多样性公约》,签字过程成为大会最热烈的场面之一。当天李鹏签字后,与UNEP执行主任托尔巴博士热烈拥抱。几位没有拍到这个场面的记者不停高喊:"再来一次!再来一次!"李鹏和托尔巴只好微笑着又拥抱了一番。

《气候公约》确立了国际气候合作的基本原则,但是缺乏实质内容。譬如,第二条规定了公约的最终目标是,"将大气中温室气体浓度稳定在不对气候系统造成危害的水平"。长期以来,科学家没能就"浓度"或者温度阈值提出没有争议的结论。直到2009年,八国集团峰会在意大利认同了2度升温目标。年底,2度目标被写入《哥本哈根协议》。再比如,温室气体排放限控指标问题,无论发达国家和发展中国家,都没有承担具体指标。1997年的《京都议定书》为部分发达国家制定了限定指标。

◇《联合国气候变化框架公约》(UNFCCC)的标志
联合国网站图片

《气候公约》更像一个

气候到底怎么了

政治承诺，与其说它有多大的法律约束力，还不如说签约国的面子更重要。如果大家都要面子，就会顺着公约指定的大方向走下去。说得更直白一点，国际气候合作的起点虽然低，但是毕竟开始了。

在制定《气候公约》的过程中，中国本着积极、协作的精神，着眼世界大局，顺潮流而动，力促公约出台，成为国际环保合作的一个建设者。当然，该争的，中国不但用力争了，还冲在发展中国家阵营前头，打了头阵。中国的气候外交有了良好的开端。

《京都议定书》的搏斗

朝圣和跑马拉松，都是从起点到终点的旅程。区别在于前者路途坎坷、百转千回，后者路线清晰、一鼓作气。地球人应对气候变化犹如朝圣，大家都说这件事情应该做，关系到子孙后代，既伟大又崇高。但是怎么做，路线图没画好，各有各的算盘。《联合国气候变化框架公约》（以下简称《气候公约》）犹如一张朝圣路线图，最多是一张草图。出发地点和大方向粗略地标了一下，就交差了。《京都议定书》在这张草图的起点附近画了两个点，每个点代表一个温室气体减排承诺期。三点连起来似乎朝终点更近了，就算是往前走了两站地吧。但是，走完这两站，就再也走不下去了。走这趟线的越来越少，抱怨越来越多，换路线的呼声越来越高。

画路线图的时候，中国积极参加。点两个点的时候，中国更积极。这里说的积极，是防守中的积极，被动中的主动——中国死守不承诺减排的原则。通过斗争，中国不但赢得了发展时间，而且收获了新知识，取得新收益。随着时间的推移，改弦更张的吵闹一浪高过一浪。等快掀翻房顶的时候，中国一边说把这两站地走完，一边做好了换路线的准备。中国和《气候公约》《京都议定书》的关系，大概就是这个意思。

《气候公约》及其议定书

《气候公约》及其《京都议定书》是国际社会应对气候变化的法

律基础。这个判断句里有个词特别关键——及其。很多报纸、广播和电视新闻用"和"代替"及其",那是混淆了"长幼"之分,容易造成误解。《京都议定书》的全称叫"《联合国气候变化框架公约》京都议定书",英文的表达是Kyoto Protocol to the United Nations Framework Convention on Climate Change。及其,也就是英文的to,说明了议定书和公约的关系。两者不是一个层级的法律文件,议定书是对公约的解释和补充。从国内履约程序上来说,公约签署后,需要立法机构,也就是全国人大常委会批准。但是议定书签署后,国务院核准就可以了。

所谓框架公约,就是把要办的事情和大方向笼统地写下来。具体怎么落实,以后再说。《气候公约》的"最终目标"是:"将大气中温室气体的浓度稳定在防止气候系统受到危险的人为干扰的水平上"。至于这个"水平"在哪里、是什么、如何衡量,公约都没有规定。为了迈向"最终目标",公约缔约方通过反复艰苦谈判制定了《京都议定书》。1997年底诞生的《京都议定书》规定,发达国家2008年到2012年之间减排5%,基准是1990年的排放量。它的实质是用法律规范了两个关键问题——谁减排?减排多少?对于承诺减排5%的发达国家来说,2008年至2012年是第一承诺期。2012年底的多哈气候大会通过了议定书修正案,产生了2013年至2020年的第二承诺期。在此时间段内,承诺减排的发达国家要把温室气体排放总量减少18%,基准仍然是1990年。这两个承诺期就是前文说的路线图附近的两个点。

如果把《气候公约》比喻成在起点集合出发,那么《京都议定书》就是上路了。但是,条条大路通罗马。框架公约缔约方有一百九十多个,众口难调。即使达成短暂一致,分歧迟早还要显现。譬如,俄罗斯、日本、加拿大、新西兰拒绝加入第二承诺期。在第二承诺期里承诺减排国家的温室气体排放量仅占全球总量的15%。从目前的发展趋势看,2020年之后京都议定书很可能被束之高阁,不会有第三承诺期了。没有减排承诺期的议定书就没有什么实际意义了。其实,自从《京都议定书》诞生之日起,改弦更张的争论就没消停过。

举一个简单的例子。各国政府代表签署国际公约后,须送交各自国家立法机构批准。所以公约签署后不会立即生效。《气候公约》1992年5月9日在纽约诞生,6月中旬在巴西联合国环发会上供各国政府代表签署,1994年3月生效。从诞生到生效,不到两年时间。《京都议定书》就不一样了,问世后差点夭折。1997年底诞生后,2005年2月才生效,中间隔了七年多。命运多舛,可见一斑。

京都会议之前的十面埋伏

《京都议定书》是发达国家的紧箍咒,它设定的温室气体减排目标由发达国家完成,发展中国家没有减排义务。这是中国和其他发展中国家一起跟发达国家唇枪舌剑、针锋相对之后争来的,体现了《气候公约》中"共同但有区别的责任"原则。

解决世界气候问题的推动者和领导者是发达国家。人家认识得早,行动得早。但是,这件事没有发展中国家支持办不了,发达国家有求于发展中国家。想当领导,有三点要素。首先要有眼光,别人没看到的问题,领导看在眼里。其次要有意愿,行动上以身作则,做出示范。第三要有手段,肯投入,激励整个团队。大家的问题,大家一起使劲。光靠几个领导往前冲,解决不了问题。所以,领导要做的,是连拉带推让整个团队往前走。广大发展中国家就是"推"和"拉"的对象,中国和印度这样的发展中大国是"连推带拉"的重点,因为温室气体排放量大,而且增加速度快。但是,我们对发达国家说,娄子是你捅的,让我现在减排不公平。要干你先干,我这儿刚解决温饱问题,有些人还吃不饱饭呢。

在20世纪90年代,全世界应对气候变化的领导者是欧洲。他们对这个问题研究深入，知晓厉害。同时，欧洲国家具有一定经济实力，愿意为发挥领导作用率先减排，做出表率。另外两个发达国家，美国和日本，经济上虽然数一数二，但是难成大器。美国拒绝减排，借口是发展中国家不干，我也不干。日本政治上有前科，名声不好。嘴上说要当气候问题领导者，实际上想借此咸鱼翻身，改变战后失败者的国际形象。

这就是《京都议定书》出台之际的国际背景。气候大会还没有开，发达国家内部、发达国家与发展中国家之间，早已埋下重重矛盾。这些矛盾都反映在《京都议定书》之中了。

欠债还钱 不要赖账

中国的态度。20世纪90年代初，冷战结束，经济全球化席卷全世界。中国成功实现了政治风波后的领导人更替，开始积极、主动、全面融入国际体系。这个体系的创建者和维护者是发达国家。中国主动融入的目的是分享合作利益。纵观中国90年代国际环境合作的立场，核心诉求就一个——"欠债还钱、不要赖账"。这个话反复讲。

1994年2月8日，当时的国家主席江泽民接见《中国21世纪议程》高级圆桌会议部分国外代表。他说："在巴西的环境与发展大会上，发达国家许诺拿出自己的国民生产总值的0.7%，也就是每年拿出1250亿美元，用来支持发展中国家的可持续发展，但现在这一承诺并未落实。"1995年10月24日，江泽民在联合国成立50周年特别纪念会议上的讲话中指出："发达国家对其在工业化、现代化过程中造成的生态环境恶化是欠了债的，理所当然地应对环境保护作出更大的贡献。"

1997年3月下旬，美国副总统艾尔·戈尔来华访问并出席中美环境与发展讨论会。25日，李鹏总理在讨论会上的讲话中说："联合国环发大会召开五年了，时至今日，大多数发达国家还没有兑现向发展中国家提供资金、转让技术的承诺。发达国家官方发展援助占国民生产总值的比重已降到二十年以来的最低点。国际社会特别是发达国家应该认真倾听广大发展中国家的呼声,按照联合国环发大会确立的各项原则,切实履行自己应尽的责任和义务,为全球的可持续发展做出实际的贡献。"

具体到气候变化问题上,中国立场同样体现了分清历史责任、维护发展利益的原则。1994年3月25日,国务院通过《中国21世纪议程——中国21世界人口、环境与发展白皮书》,这是一份指导国民经济和社会发展的纲领性文件,由52个部门的三百多个专家用了近两年时间编制而成。其中关于气候变化的表述如下。

> 尽管中国到2000年人均二氧化碳排放量仍不到1989年世界人均水平(1.2吨／人)的一半,不及工业化国家人均水平(3.3吨／人)的1/6,中国仍积极参与国际社会控制温室气体排放的行动;根据中国能源资源特点和经济发展水平,通过产业结构调整、能源结构调整、加强节能降耗、改进终端用能技术以降低二氧化碳排放的增长速度。

应该特别注意"控制温室气体排放"和"降低二氧化碳排放的增长速度"这两个提法。"控制"排放不是"减少"排放,"降低二氧化碳排放的增长速度"不是减少排放总量。这两个提法,冠冕堂皇地表达了政策取向。"控制排放"和"降低增长速度"的提法至今仍然在用。

还有一段轶事能更直截了当地说明中国政府的政策意图。《中国21世纪议程》是中国政府和联合国开发规划署(UNDP)的合作项目。UNDP多次派咨询专家组来华,参与评估和修订。外国专家组对中国二氧化碳排放量的不断增长深表忧虑。根据世界银行统计,当时中国的排放量位于美国和苏联之后,名列第三。而且,随着发达国家排放消减和中国的增加，中国可能成为世界第一。外国专家希望《议程》重视能源工业迅速发展的环境影响，减少新建火力发电厂的数目，为全球环境保护作出更大贡献。中方表示，中国的可持续发展战略始终把发展放在首位。人均国民生产总值（GNP）400美元的中国和上万美元的发达国家所应承担的环保义务是不同的。发达国家工业化时期所具备的资源优势和环境容量，中国是没有的。尽管中国为两位数的经济增长速度付出沉重环境代价，每年环境污染和生态恶化带来的经济损失达上千亿元。但是，中国不能以忍受贫困的办法去保护环境。面对两难，中国选择了可持续性发展的道路。至于火电，在相当长时间内仍是电力工业主力军，需优先发展。

这个《中国21世纪议程》出台内幕的小插曲，说得再清楚不过了。优先发展，兼顾环保。可持续性发展，重点是发展。

《京都议定书》背后的搏斗

1997年底京都会议的全称是《联合国气候变化框架公约》缔约方第三次会议。缔约方第一次会议1995年在柏林召开。柏林会议决定，要在第三次会议上完成一个法律文件，规定发达国家2000年后如何减排，但是对发展中国家不提任何新承诺。

日本要求主办第三次会议，并把会议地点设在世界闻名的古都京都。这样一来，会议通过的法律文件，自然叫《京都议定书》。这是日本名垂青史的小算盘，可惜后来没打好。反对《京都议定书》的竟然有日本。

京都会议1997年12月1日至11日召开，8日至10日为部长级高级别会议。按照计划，10日会议应该通过议定书后结束。但是由于争论不休，最后一天的会议一直延续到11日上午10点，议定书才通过。斗争之激烈可见一斑。

其实，矛盾在高级别会议的第一天就摆在桌面上了。8日上午10点，东道主国首相桥本龙太郎致开幕词，讲话四平八稳，有意回避了敏感问题。第二个发言的是哥斯达黎加总统，波澜未起。轮到第三个，瑙鲁总统，终于开炮了。他演讲的结尾是这么说的："我们的国家由小岛屿组成，海拔两米。由于过度开采粗磷酸矿，国土已经千疮百孔。我们的国家背靠荒地，面朝大海。由于全球变暖，海平面升高，我们前进无路可走，转身无路可退。下面，让我们屏住呼吸，听听副总统戈尔要说什么。"瑙鲁总统说完，全场掌声雷动。

美国是世界温室气体排放第一大国，会议之前放出风来，它主张2008至2012年将排放稳定在1990年水平，也就是不减排，2012年以后再考虑减排。而欧洲提出的方案是减排15%。不减排和减排15%，差距大得让所有人为难。瑙鲁总统在众目睽睽之下把球扔给了美国副总统，各国代表倒要看看他怎么接。

戈尔像个大学教授一样先讲了一番全球变暖的趋势如何，接着进入正题。他说，按照这样的趋势，2010年美国的温室气体排放要比1990年增加30%。但是，美国可以承诺将排放总量维持零增长。此话一出，全场哗然。发言最后，戈尔说，昨晚跟克林顿总统通了电话。他暗示总统，谈判团队应该表现出灵活性。前提是议定书规定发展中国家参加减排和排放贸易。

谈判期间，戈尔跟克林顿通了电话。克林顿是民主党，比共和党人热衷环保。他当然希望拉中国加入减排队伍，套上紧箍咒。这样一来，他的脸上有光。

中国的立场如何呢？

中国代表团团长、林业部长兼国家计委副主任陈耀邦在高级别会议上的发言很直白。他首先给各国代表普及了一下中国的基本国情。

他说，作为一个拥有12亿人口的发展中国家，中国愿为对付气候变化作出更大的贡献，但面临巨大的实际困难。中国的人均年拥有电量只有700度；中国的人均温室气体排放只占发达国家平均水平的1/7；中国还有近6000万人尚未解决温饱问题，一些农村和边远地区的人民还处于无电或缺电状态。因此，消除贫困和发展经济仍是中国压倒一切的首要任务。在谈到减排温室气体的问题时，陈耀邦指出，中国在达到中等发达国家水平之前，不可能承担减排温室气体的义务；中国在达到中等发达国家水平之后，将仔细研究承担减排义务。在此之前，中国政府将根据自己的可持续发展战略，努力减缓温室气体的排放增长率。

这个发言的立场和《中国21世纪议程》没有差别，只是更加直截了当。中国告诉世界，由于发展阶段所限，根本不考虑减排。至于以后的事情，以后再说。

在京都会议上，中国代表团自始至终面临空前压力。发达国家的代表团都在数十人以上。美国派出了史上最庞大的代表团，副总统和四十多名参议员与会。美国代表每人手中拿着一个计算器，在涉及减排数字时，算起账来毫不含糊。而中国代表团只有九人。会议期间，美国谈判代表不断约谈中国谈判代表，希望中国等发展中国家承担减排义务。最后的谈判持续了56个小时。发达国家代表人多，可以轮番上阵，但是中国代表人少，代表团成员连续两个晚上没有离开会场，其中包括67岁的资深外交官钟述孔。

说起钟述孔，也有一段轶事。京都会议一开始，大会主席、日本环境厅长官大木浩提出"所有缔约方承诺的未来发展"，企图套住发展中国家承担温室气体限排义务。之后，加拿大、澳大利亚和新西兰开始呼应。但是，广大发展中国家明确反对。随后，美国和日本鼓动新西兰提出"2014年后所有缔约方的限排承诺"提案，称发达国家在本次会议上做出减排温室气体的具体承诺，条件是发展中国家承诺将来承担"限制温室气体排放"义务。新西兰提案得到了欧盟支持。钟述孔当即要求发言,坚决予以回击。接下来,四十多个发展中国家的代表相继发言,以排山倒海之势挫败其图谋。美国《华盛顿邮报》对会议的紧张气氛进行了报道,并引用了钟述孔精彩言辞:"发达国家每两个人就拥有一辆小汽车,可你们连公共汽车都不想让我们坐!"

　　总而言之,发达国家在京都会议上套住发展中国家一起承诺减排的盘算落空。发达国家整体减排5%的紧箍咒用法律的形式固定下来了。京都会议中国代表团成员、现在发改委气候司司长苏伟曾经撰文评价《京都议定书》的意义。议定书"建立了一个重要模式:只有发达国家承担具体的量化的减排指标,发展中国家没有量化的减排义务。《议定书》只是重申了公约所承担的应对气候变化原则性、一般性的承诺和义务。公约和议定书的原则和规定,对中国和发展中国家非常有利,是中国联合发展中国家的力量,共同努力,经过艰苦谈判争取而来的。"[1]

---

[1] 苏伟:中国政府如何应对气候变化,《绿叶》,2008年第8期。

气候到底怎么了

日本：对不起 调子起高了

看戏要买票。占到好座儿，一来体面，二来实惠，台上的经常尽收眼底。国际政治也差不多。有实力的国家都想谋个好位置，为的是受尊敬、捞实惠。问题是，上哪买票？

以日本为例，战败后灰头土脸，沉寂了一二十年，闷头搞建设。1964年的东京奥运会和1970年的大阪世博会，猛然间让全世界看到一个经济繁荣复苏的日本。重返国际社会的战败国开始琢磨着谋个好位置。一来要改变受制于人的国际地位，扬眉吐气。二来得有发言权，世界上的大事，也要拿个主意。20世纪80年代初，日本提出"政治大国"的战略目标。这件事情不好办。历史包袱重，还一直不想卸。你明明是侵略邻国，战败后非要粉饰历史，硬说帮助亚洲人民摆脱欧美的殖民统治。这种态度谁能支持你当政治大国？

但是，日本富了。他可以花钱"买票"。比如说增加对外援助，以外援促外交。再比如说，积极推进世界环境保护，占领道义制高

◇1964年东京奥运会的海报和会徽。奥运会前后，日本把自己设计的会徽印在所有正式文件、证书、宣传海报和纪念品上，开创了奥运会期间自我宣传的新方式。会徽设计简明、醒目。金色奥运五环托起太阳国旗的图案，昭示着日本想借奥运机遇重新振兴国家的迫切心情。舆论认为，日本想通过这种强势的宣传让全世界重新审视"二战"后一度被忽视的岛国。
海报收藏于横滨神奈川县立历史博物馆　2015年5月拍摄

点。这两件事情，日本办得很认真，大投入。1992年联合国环境与发展大会上，日本承诺五年内对外提供官方发展援助1万亿日元。1996年，资金到位，兑现承诺。这一大笔环境援助，大大改善了国际形象。环发大会秘书长称赞日本是"世界环保超级大国"。《联合国气候变化框架公约》就是在1992年的环发会上签署的。但是，在气候变化问题上，特别是在温室气体减排上，日本没弄好。调子起得很高，却一再反悔，在国际社会中落了一个说话不算数的形象。

邻居出了闪失，咱们不能幸灾乐祸。街里街坊的住着，奔小康的路数都差不多。我们更应该引以为戒。

日本的环境王牌

日本人既好学又好胜。明治维新，日本对西方的态度是，一边学习一边赶超。这条路没走多远，就上了歧途。本想打一场侵略战争，一劳永逸地当上世界强国，没成想一败涂地。1945年，日本投降。被美国修理一番后，高调崛起。1968年，日本的国民生产总值跃居世界第二。1987年，日本人均国民收入超过美国，NO.1。

战败的日本是美国扶起来的，没有军事和政治自主权。一旦翅膀硬了，哪只鸟不想自己飞？更何况自己的钱袋子眼看就要比美国还鼓了。1983年，日本首相中曾根康弘提出"战后政治总决算路线"——以经济力量为后盾，建立强大的军事力量；以外交为手段，输出日本文化；更多地参与决定世界政策；日本要成为世界政治大国、世界政治多极化中的重要一极。

国际政治有高低之分。主权、战争、安全问题属于高级政治。日本"二战"期间在邻国烧杀掠抢，战后不老老实实认罪，领土纠纷也没有解决。有了这些前科，想在高级政治领域寻找"政治大国"梦突破口，胜算很少。比如从20世纪90年代中期开始，日本图谋联合国安

◇日本右翼分子游行车队在东京自民党总部大门前经过,
要求死守钓鱼岛、弘扬靖国神社精神
2015年5月 东京

理会常任理事国的位置。几番凶猛"争常",屡败屡战,痴心不死。

低级政治包括的范围很广,比如传染病、移民、贩毒和各种环境问题。低级政治问题显现的比较晚。冷战期间,人们的注意力都在核威胁和世界大战上。苏联解体后,各种低级政治问题逐渐占据人心。对于受到影响的人来说,低级政治问题的危害性和紧迫性丝毫不亚于高级政治问题。比如20世纪80年代欧美国家出现大面积酸雨,严重到酿成社会问题。2003年中国一场"非典"虽然死伤人数不能跟战争相比,但是同样致命,牵动了全世界的神经。

当日本在高级政治领域实现政治大国梦遭到阻力重重的时候,它在低级政治领域捕捉到了机会,那就是环境保护。日本发展得早,在环保问题上遭殃早、觉悟早。举一个例子。日本有个小渔村叫水俣,当地有个化工厂,战后大量生产氯乙烯。1956年,猫开始生病,步态不稳,抽搐,甚至跳海"自杀",人称"猫舞蹈症"。不久,人也开始生病,口齿不清、步履蹒跚、面部痴呆、手足麻痹变形,重者精神失常,直至死亡。一调查,化工厂废水含有大量汞,不经任何处理排

下篇　气候变化里的中国与世界

入大海，污染了鱼虾，猫和人吃了以后神经系统受损。

20世纪50年代到70年代，日本有四大公害疾病，水俣病只是其中之一。战后，日本为了实现经济超越，重点发展钢铁和化学工业，一度忽略环境代价。四大公害疾病都是工业污染的恶果。先污染后治理，是很多国家的发展规律，特别是在短时间内迅速赶超西方的落后国家。反省自己，我们是一边说不重复这条老路，一边在这条道儿上一路飞奔到今天。对于日本来说，遭殃也是历练，积累了解决环境问题的经验、知识、技术和资金。当大多数发展中国家还不知道环境问题为何物的时候，日本已经在举国治理公害的过程中积累了充足经验，并且把目光转向了外部世界的环境问题。

中国20世纪70年代末改革开放以后，很多人去日本留学。除了工业和科技现代化，日本干净整洁的环境同样令人身心愉悦。直到今

◇富士山脚下的农田和农舍
2014年11月

天，我们的经济水平赶上来了，日本城市和农村里的干干净净和秩序仍然需要学习。

1988年，日本政府的《环境白皮书》宣称："我国的经济无疑已经占世界经济的1/10以上，是世界上最大的债权国。科学技术方面也走在世界前列。因此，各种各样的观点都认为向世界做贡献的时代已经到来了……我国在保护地球环境方面，在贡献的程度、力度和相关领域的广泛程度方面，都必须领先世界，发挥重要作用。"从这段话中，我们可以读出日本重新崛起后的自豪感，以及在环保领域出人头地的野心。

1989年，日本外务省发表的《外交蓝皮书》将"环境问题"列为外交课题，纳入对外战略的框架。这一年，外务省内设立了环境问题特别小组。1992年4月，日本主持召开"地球环境贤人会议"，三十多名卸任国家首脑人物聚集东京。会上，日本前首相竹下登说，"只有在地球环境问题上发挥主导作用，才是日本为国际社会作贡献的主要内容"。这个讲话公开表示了日本要在地球环保问题上发挥主导作用的意图。

1992年，联合国环境发展大会在巴西召开之际，日本派出113人的庞大代表团出席会议。代表团发言人在会上说，在建立国际新秩序过程中，各国必须更多地考虑全球性问题，日本在这些方面将能发挥有益的主导作用。注意，是主导作用。除了说大话，日本还办大事。在会议上，日本慷慨承诺五年内为世界环保事业提供9000至10000亿日元援助。在当时，这笔钱相当于80亿美元，远远超过欧盟40亿、美国10亿的援助承诺。出手阔绰的日本赢得各国一片好评。路透社说，日本是环发会上最大的赢家。大会秘书长莫里斯·斯特朗说，日本是世界环保超级大国。后来，日本提前一年兑现承诺，1996年拨付援助资金9796亿日元。

这里还要补充一下，凭借雄厚的经济实力，日本在20世纪80年代末跃居世界援助国首位。在日本官方发展援助（ODA）总量中，用于环境的资金一直在上升。90年代初是10%，21世纪后保持在35%以上。

1993年日本的《外交蓝皮书》更加明确了对世界环境问题的战略判断，"地球环境问题是冷战结束后国际社会构筑新的和平与繁荣框架最为重要的课题之一"。这个判断把话说得很明显了，日本就是要借环境问题构筑新的国际秩序，谋求改变国际地位，现实政治大国的梦想。应该说，这个战略判断是敏锐的，时机也不错。1991年底苏联解体，美苏争霸终结。原来世界的两级格局没有了，大国重新排座位的机会来了。

但是后来的事情，并没有完全按照日本最初的盘算发展。环保这张王牌的确起作用了，但是在气候变化问题上，日本的失误和倒退无助于大国形象的塑造。

《京都议定书》：缔造与抛弃

《气候公约》诞生于1992年的世界环境与发展大会。在这次会议上，日本高调宣布，到2000年将温室气体排放量稳定在1990年的水平上。其实，《气候公约》并没有要求任何国家承担量化的温室气体减排责任，只是含糊地说，应该为"2000年将温室气体排放量稳定在1990年的水平上"的目标行动。与日本的积极承诺相比，美国拒绝接受量化减排指标。布什总统公开宣扬，如果《气候公约》规定量化减排目标，他就不参加环发大会。所以，日本自我加压的积极举动赢得很多国家的称赞。

美国对《气候公约》的冷淡，在日本看来是好机会。在日本眼里，美国"二战"后之所以称霸西方世界，无非是军事强大。但是，世界变了。对于新领域出现的新问题，美国既不出钱、也不卖力，连自我约束温室气体排放量都不承诺。这相当于在气候变化问题上主动

气候 到底怎么了

放弃领导权，机会就这么轻而易举地来了。

1992年底，笹川和平财团的主任研究员高桥一生认为："既然美国已成为落伍者，欧共体又忙于欧洲事情。那么，在地球环境问题上，日本将不能不成为领导和中心。"这个笹川和平财团成立于1986年，是世界最大的非盈利性组织之一。1993年，日本外务省地球环境大使赤尾信敏说："地球环保事业迄今为止尚无发挥主导作用的国家，这对该事业的发展不利。不管哪一个国家，只要对这一事业做出最大贡献，就理所当然居于领导地位。"这两段话分别代表了那个时代日本民间团体和官方的主流声音，领导世界环保事业的野心昭然若揭，颇有舍我其谁的感觉。

《京都议定书》就是这份野心的体现。《气候公约》第一次缔约方大会1995年在柏林召开。会议决定，1997年的缔约方会议上要完

◇金阁寺，世界文化遗产，京都的名片式景点
　2008年11月

成一份法律文件，为发达国家规定2000年后温室气体减排的量化目标和时间表。发展中国家没有减排义务。这就是柏林授权。日本主动请缨，要求承办这次会议，会议地点在京都。京都是日本古都，有17处联合国教科文组织认定的世界遗产。日本人的盘算是，会议上达成的法律文件用日本名城命名，让全世界都知道日本为世界环保做出的贡献。

1997年京都会议的目的，是以1990年的排放水平为基准，确定发达国家2010年的减排目标。公平地讲，为了达成《京都议定书》，日本费了好大力气。对于减排目标，日本政府内部就有很大分歧。通商产业省认为，不要说减排，维持1990年的排放总量都很困难。环境厅和外务省认为可以削减5%。由于当时欧盟提出了15%的减排目标，迫于国际压力，日本政府在会议上提出的目标是5%。而美国提出的目标是0。会议上唇枪舌剑、几番周折后，5%的目标写入《京都议定书》。具体地说，5%是2008年至2012年之间，即《京都议定书》第一承诺期，发达国家的整体减排量。具体到每个国家头上，减排数据不同。日本需要减排6%。

但是，事与愿违。2005年和2006年，日本不但没有减排，反而比1990年增加了8%和6.4%的排放。排放上升了，但是当领导的意图丝毫没有改变。2007年7月1日，日本内阁会议通过《21世纪环境立国战略》，明确表态要成为克服气候变暖危机的国际领导者。这说的和做的完全是两个方向，典型的言行不一。

2008年11月，我在东京参加亚洲开发银行研究院组织的亚行成员国记者研讨班。其间，日本地球环境战略研究机关的秘书长来讲气候变化。这个"机关"是日本政府出钱资助的非政府机构。此君1985年开始在日本的环境厅工作，对日本的气候政策了如指掌。我问他，日本为什么不履行《京都议定书》里自己承诺的减排量？众目睽睽下，这个秘书长满脸尴尬。他说，日本今后应该在气候变化问题上发挥领导作用。现在，政府对碳交易的重视程度不断提高，这是个好现象。

其他记者追问其他减排措施，此君支支吾吾地没说出什么。

所谓碳交易，对不差钱的发达国家来说，无非是花钱让发展中国家减排。2004年，日本设立两万亿日元的碳权基金。碳权基金、官方发展援助（ODA）和技术援助三管齐下，日本在发展中国家大量购买排放权。此举不仅缓解自身减排压力，碳排放权倒手转卖还获得巨大经济利益。

接下来的几年，日本在气候问题上开始反复、失误、大踏步倒退，令世界大失所望。2009年，国际社会对年底的哥本哈根气候峰会寄予厚望。会议目的，是商讨《京都议定书》第一承诺期（2008-2012）结束后的减排方案。当时，普遍的期望是所有发达国家2020年比1990年减排25~40%。2009年6月，日本首相麻生太郎宣布的减排目标是8%，距离25~40%的期望值相去甚远，招致《气候公约》秘书处的公开批评。9月，日本换首相，鸠山由纪夫上台。年底的哥本哈根峰会上，日本大幅度提高减排目标，宣布的新数字是25%。事实证明，鸠山由纪夫内阁太天真，抛出这个减排承诺之前并没有在国内广泛征求意见。减排目标宣布后，立即遭到国内产业界普遍反对。

没多久，2010年6月，鸠山由纪夫下台。后任政府推翻前任的承诺。2010年坎昆气候大会上，日本代表团态度强硬，公开表示"终结"《京都议定书》，"永远"不会就议定书第二阶段承诺减排目标。2011年德班气候大会召开期间，日本政府明确表示，如果德班大会延长《京都议定书》到期时间，日本将坚决脱离京都体制。2012年底，多哈气候大会通过《京都议定书》第二承诺期修正案，日本不参加。2013年3月，日本向《联合国气候变化框架公约》秘书处提交文件，主张在2020年之后的减排新框架中，各国自主决定削减温室气体的目标和措施。11月份的华沙气候大会期间，日本内阁通过新的减排目标。到2020年，将温室气体排放量在2005年基础上减少3.8%。注意，2009年哥本哈根气候峰会上日本承诺，在1990年基础上减排25%。基础由1990年变成2005年后,日本的实际排放量将增加3.1%,而非减少。

2014年11月,联合国在柏林召开绿色气候基金(GCF)募捐会,发达国家认捐100亿美元,用于帮助发展中国家应对气候变化。2015年4月30日是资金到账截止日期,日本欠7.5亿。

至此,日本不但抛弃了亲手缔造的《京都议定书》,昔日言而有信的慷慨也不复存在。

气候这张牌,没打好。言而无信。

20年来之国运不济

日本在温室气体减排问题上的失误和倒退,是必然。一个国家对外政策的决定因素是国内发展的实际情况和未来趋势。气候问题说到底是经济发展问题,基本情况摸不清楚,未来趋势把握不到位,政策一定会出偏差。

日本资源匮乏,既是发展焦虑,也是发展动力。战后被美国调教成所谓民主国家后,日本经济迅速恢复。20世纪80年代跃居世界第二大经济体后,好日子到头了。前有欧美发达国家打压堵截,后有亚洲邻国快速追赶。国内泡沫经济崩溃,陷入长期的低迷停滞。从90年代到现在,日本先是经历了"失去的10年",后来又变成"失去的20年"。

稍微仔细地看这二十多年,日本的运气太差。1995年阪神大地震、1997年亚洲金融风暴、2008年国际金融危机、2011年东海岸大地震、强海啸、核泄漏事故,倒霉事一件接一件。拿最近的2011年大地震来说,九级强震引发系列海啸,导致福岛核泄漏。火电和核电是日本电力两大支柱,核电占30%。按照原定能源规划,2030年核电要占50%。福岛核泄漏之后,主流民意倾向"去核",时任首相菅直人在事故发生四个月之际发表"去核"宣言。核电是无碳能源,"去核"意味着用火电代替无碳能源，碳排放必然上升。这就是2011年底德班气候变化大会期间日本执意摆脱"京都体制"的最直接原因。

2013年，日本关闭所有核电站。日本能源结构在福岛核泄漏之后已经发生了重大变化。2014年，传统化石能源发电量上升到88%。2011年7月份菅直人的"去核"宣言说，未来把重点放在太阳能、风能和其他再生能源上。这些能源都不能跟核能相提并论。风能发电仅占用电总量的1.7%。2012年7月，日本政府大力补贴太阳能发电，一度掀起光伏电站投资热潮。但是，三年来补贴三次下调，光伏发电维持在用电总量的2%左右。

太阳能光伏发电一直被全世界看好。但是几大难题一直困扰发展。成本高、占地多、电网抵触。我曾经参观过日本的京瓷集团。京瓷是1959年成立的老企业，也是日本著名的跨国大公司。70年代世界石油危机后投资研发太阳能，目前是日本最大的太阳能光伏设备生产厂家之一。即便是这样的大型跨国企业，太阳能产品的推广在相当大程度上也要仰仗政府的补贴政策。在可预见的未来，依靠风能和太阳能电力弥补核电的空缺并不现实。

由于日本的自然资源限制，国内企业很早就开发节能和新能源技术，京瓷是其中之一。这些企业也得到政府的常年鼓励和扶植，在技

◇京瓷生产的太阳能
光伏发电设备
2008年11月　东京

术上处于世界领先位置。正是由于这些企业的发展，日本的节能和环保效率很高。也正是因为如此，日本产业界在讨论温室气体减排的时候，认为以1990年为基础对自己不公平。因为1990年之前，日本已经减排很久了。所以，2013年华沙气候大会期间，日本把中期减排目标的基线由1990年后移到2005年。

仔细想想，这个事情有点讽刺。节能环保工作做得早、做得好，成绩斐然。到了出风头的时候却用不上，稍有失误还影响了自己的国际形象。

老人安度晚年，国家忧虑未来

人无远虑必有近忧。对日本来说，近忧和远虑并存。日本的近忧是经济增长长期停滞，远虑是社会活力的前景令人担忧。

2014年底，我去日本休假。NHK播出了一个关于老龄化的节目，很有意思。记者从东京出发，开车两个小时后看到路边的农田里有一对老夫妇正在干活。话筒伸过去，老奶奶，您高寿？老奶奶说，89了。又问老爷爷，您呢？老爷爷说，90了。好么，这个岁数还在地里干活呢！记者跑到村里，找到村长，也是个老头。村长说，这个村子里75岁算年轻人。真正的年轻人在农村待不住，都在城里。

日本老年人身体真好，国民福利待遇落到实处了。转念一想，这么大岁数，不应该国家养着吗？这样的人有多少呢？

根据总务省2015年4月发布的数据，总务省相当于我们的国务院办公厅，2014年日本人口总数是1.27亿，比上一年减少21.5万，连续四年持续下降。总人口减少，老龄人口却在上升。65岁以上人口达3300万，占人口比重26%，四个日本人里就有一个老人。按照目前的预测，2060年日本人口比现在还要少1/3，老龄人口增加到40%。

日本不但老龄人口多，而且福利待遇好。75岁以上的老人只承担

气候 到底怎么了

医疗费和长期看护费用的10%。最近几年，很多中国人去日本抢购马桶盖。殊不知，这马桶盖上还承载着日本社会对老龄人口的一份关爱。在一些边远乡村，分散独居的老人家里，马桶盖连接着医护机构。如果马桶盖一两天没有用过，会有专人上门看看老人的情况。

日本是发达国家，国民素质高，科技发达，财富积累充足。但是，基础条件再好，干活的人越来越少，不得走下坡路吗？年轻人不愿意生孩子，老年人长寿，是发达国家的普遍现象。美国、加拿大通过移民政策来补充劳动力短缺。特别是美国，不管你是哪来的，国旗下一宣誓，就是美国人。但是日本没有这政策，大和民族保持了单一性。

乍一看，老龄化跟气候变化扯不上关系。实则不然。经济发展前景如何直接关系到气候政策的制定，尤其是对外承担减排义务的能力评估。日本是世界第五大温室气体排放国，没有持续增长的经济实力，谈什么在气候领域担任领导责任呢？

其实，日本经济没有惨到糟糕的程度，这么多中国人去旅游就是最好的证明。只是前景不乐观。中国和日本是近邻，我们应该拿它当个镜子。他们的发展道路，我们也在走。他们今天的老龄化也许就是我们的明天。

还有一个启示。对外承诺多少减排量，先要把自己家底摸清楚，给未来留出余地。千万不能像日本，费尽力气搞出一个《京都议定书》，过几年被自己抛弃。

◇行色匆匆的日本人
2014年11月　大阪

下篇　气候变化里的中国与世界

发改委管外交

　　德国政府一位高官到中国访问，约见环保部部长，谈二氧化碳排放，也就气候变化问题。两位一见面，我们的环保部长打哈哈说，我管一氧化碳，二氧化碳归发改委管，你跟我谈什么呀？

　　中国政府哪个部门管气候变化？这个问题弄清楚了，国家应对气候变化的方略就明白了一大半。2005年，当时的国家主席胡锦涛在英国参加八国集团与发展中国家领导人对话会，气候变化是会议重点，胡锦涛说："气候变化既是环境问题，也是发展问题，归根到底是发展问题。""归根到底是发展问题"是中国对气候问题的定性。发展

◇国家发展和改革委员会正门
　2015年10月

问题归国家发展与改革委员会管，理论上说得通。但是，胡主席也说了气候变化是环境问题，为什么不归环境保护部管？

这就牵扯到中国应对气候变化的机制建设和机构设置。对于中国来说，国际气候合作是外来问题。从一开始，国内就没有对接机构。外交部管不了气候，气象局管不了排放。环保部门管污染物，但是二氧化碳不算污染物。于是，就有了发改委协调各部委管气候的机制。

小组不小　规格很高

中国政府是一个大政府。中央政府有多大，我们数一数国务院的机构设置。按照2013年第12届全国人民代表大会第一次会议审议批准的《国务院机构改革和职能转变方案》和国务院第一次常务会议审议通过的国务院直属特设机构、直属机构、办事机构、直属事业单位设置方案，国务院下辖各种机构近60个。跟气候变化有关的机构有多少个？你肯定想不到，居然有一半，近30个！

国家应对气候变化领导小组成立于2007年6月，全称叫"国家应对气候变化及节能减排工作领导小组"。上面这个《通知》里说"对外视工作需要可称国家应对气候变化领导小组或国务院节能减排工作领导小组（一个机构、两块牌子）"，这就赋予领导小组内政外交兼顾的责、权、利。对内协调节能减排，对外参加国际合作。从人员构成名单上看，总理亲任组长，成员绝大多数是各部委局一把手。这说明小组的规格非常高。

"领导小组"是中国政治系统的一种特殊的运作形式，主要功能是议事和协调。新中国成立后，政府机构设置基本照搬苏联体制，在高度集中的计划经济体制背景下，成立了为数众多的专业经济管理部门。几经调整，特别是"大部门体制"改革后，部委总数有所减少，但分工较细的机构设置模式没有根本改变。一旦遇到涉及面稍广的任务，就必须寻求多部门合作。于是，设置跨越各部门之上、政治规格更高一级的"领导小组"就成为自然选择。[1]

《通知》里名单之后那一段，讲的是办公室的设置。这一段值得分析。首先，两个"领导小组办公室，均设在发展改革委，具体承担领导小组的日常工作。"这说明领导小组是实体性的议事协调机构，不是虚的，也不是临时性的。把办公室设在发改委，相当于明确了发改委在应对气候变化工作中的牵头作用。这么多部门做一件事情，总要有一个日常协调机构做具体事情，落实决策，这就是设在发改委的办公室。

"国务院节能减排工作领导小组办公室，有关综合协调和节能方面的工作由发展改革委为主承担，有关污染减排方面的工作由环保总局为主承担。"这一句最有意思，表面上说的是环保总局很重要，实际上排除了环保总局在应对气候变化工作中的主要作用。因为应对气候变化的最直接措施就是温室气体减排，二氧化碳是最主要的温室气体。但是，二氧化碳不是污染物。举一个例子，碳酸饮料里都要加二氧化碳，一来杀菌、抑菌，二来通过蒸发带走体内热量，起到降温作用。《通知》明确了环保总局承担污染物减排工作，明眼人一看就明白，环保局管不了温室气体排放。工业、建筑、农业、交通是排放大户，环保局哪个也管不了。

这就回到了文章开始提出的问题，环保部为什么不管气候？仔细看这份2007年6月发布的《通知》，上面写的是环保总局，总局升格为部是2008年3月底。部门成立得晚，获得的权力也就少，开展工作的力度和效果就十分有限。环保部成立之后，很多人认为环保、农业、林业、水利等部委之间的关系可以理顺，实现资源的整合，提高工作效率。五年后，2013年7月8日，环保部部长周生贤在人民大会堂作报

---

[1] 周望："领导小组"的由来、发展与走向，《东方早报》，2019年11月19日。

告时说："我听说世界上有四大尴尬部门，中国的环保部就是其中之一"，"环保工作涉及的部门很多，许多职能出现交叉重叠"。此语一出，立即惹得全国媒体广泛关注。其他三大尴尬部门是美国国土安全部、俄罗斯民族宗教部和台湾外事部门。四个部的共同特点是，干不了啥事还经常挨骂。至于职能重叠，仅地下水污染防治一项就涉及3个部门：国土资源部负责监测、监督；水利部负责水量、水质监测；而环保部负责拟订并监督实施地下水污染防治规划。名副其实的九龙治水。

顺便说一句，2013年新一届中央政府组成后，国家应对气候变化领导小组成员名单也变了。发改委地位之高，从领导班子级别也能看出来。虽然发改委和环保部都是国务院组成部门，领导都是部级干部。但是，按照中国官场的规矩，担任中央委员的部长比没进中共中央委员会的部级干部官儿大。2013年新一届国务院产生后，发改委领导班子里有四位中央委员，主管气候变化的副主任解振华是其中之一。环保部只有一个中央委员，部长周生贤。

气象局打头阵的日子

从20世纪80年代起，中国政府参加气候变化国际合作。当时，国内没有负责这项工作的机构，所以成立了一个小组。二十多年来，牵头协调这项工作的机构一直叫小组。1990年叫"协调"小组，1998年改叫"对策协调"小组，2007年成立了现在的"领导"小组。虽然一直叫小组，但是成员单位不断增加、负责人级别不断提高。2007年成立领导小组以后，总理担任组长，两位副组长一个是分管经济的副总理，一个是管外交的国务委员。领导干部的配置，体现了加强顶层设计、内外统筹的思路。如果我们梳理一下二十多年来小组的变化，可以看出中央政府对气候变化问题认识上的转变。

1988年，世界气象组织（WMO）和联合国环境规划署（UNEP）共同发起成立"政府间气候变化专业委员会"（IPCC）。成立大会定于11月在瑞士日内瓦举行。中国外交部收到邀请函后，批转气象局派员参加。气象局派副局长骆继宾出席会议。骆局长发现，有些会议发言有意无意地点名中国，说中国是排放大国，温室气体排放量的增长速度最快。但是他并不知道中国温室气体的排放量有多少，也不敢贸然否认别国发言。他感觉到很多问题不是气象部门承担得了的，于是回国后找其他部门了解情况。那个年月，中国政府没有一个部门主管排放量问题，也拿不出确切数字，甚至不愿参与此事。

气象局主要领导一商量，决定不能独揽此事，让骆继宾向国家科委、能源部和外交部汇报。经国务院环境保护委员会主任、国务委员宋健同意，骆继宾在国务院环境保护委员会全体会议上也作了汇报。这样一来，跟气候变化有关的部委都知道了这回事儿。由于IPCC的会议还要开，为了把多部门协同工作的机制固定下来，国务院环委会设立了"气候变化协调领导小组"，组长是国务院环委员会副主任、国家科委常务副主任李绪鄂，副组长是气象局长邹竞蒙。小组办公室设在气象局，气象局副局长骆继宾任办公室主任，具体组织协调中国政府参与IPCC活动的有关问题。组成单位有中科院、环保局、能源部、科委、计委（后来的发改委）和外交部等单位。[1]

1990年2月，国务院环境保护委员会决定正式建立气候变化协调小组。小组的级别提高、规模扩大。国务委员兼国家科委主任宋健任组长，国家科委副主任李绪鄂、国家气象局局长邹竞蒙、国家环保局局长曲格平等任副组长。协调小组办公室挂靠在国家气象局，负责处理日常工作。小组成员单位有16个部委，包括外交部、国家计委（后

---

[1] 骆继宾：回忆气候变化框架公约的谈判和签署（二），《中国气象报》，2007年1月9日。

来的发改委）、国家科委、建设部、能源部、冶金部、化工部、交通部、水利部、农业部、林业部、国家气象局、国家环保局、国家海洋局和中国科学院。从小组领导成员看，四位主任和副主任中有三位在国务院环境保护委员会中任职，宋健是主任，李绪鄂和曲格平是副主任。这说明，当时中国把气候问题当成环境问题，对发展问题的属性认识不深刻。

发改委管气候

随着国际谈判的深入，气象局作为日常协调机构不能胜任牵涉面如此广泛的工作。在1998年的机构改革中，国务院对原国家气候变化协调小组进行了调整，成立了由国家发展计划委员会牵头，外交部等13个部门参加的"国家气候变化对策协调小组"。当时的国家发展计划委员会主任曾培炎任组长，小组办公室从气象局搬到发展计划委员会。

这次机构调整体现了中央政府对气候变化问题的性质有了认识上的变化。在1998年的机构改革中，国家计划委员会更名为国家发展计划委员会。无论是国家计委，还是发展计划委员会，历来有"小国务院"之称，负责国家的经济工作，规格高于国务院所属经济部委，协调能力显然大于气象局，有利于协商、出台和执行应对气候变化的国内外政策。从气象局到发展计划委员会，体现出国家对气候变化问题涉及的广泛经济利益有了深切的认识。

1998年气候变化协调机构的调整还体现了政府在精简机构的大背景下对气候问题的重视。当年机构改革有两个硬指标，一是国务院组成部门由40个减少为29个，二是机关干部编制总数减少一半。机构改革中，发展计划委员会分流了很多非常有实力的职能部门和干部，却接收了气候变化对策协调小组办公室。很多人觉得可笑，不理解国家的经济管理部门为什么要在精简机构过程中增加应对气候变化机构。这一方面说明普通政府官员对气候变化问题的实质缺乏正确认识，另一方面说明政府决策层意识到了气候变化问题的重要性。

2003年3月，政府换届。国家发展计划委员会更名为国家发展和改革委员会，即发改委。10月，新一届国家气候变化对策协调小组正式成立，国家发改委主任马凯担任组长，国家发改委副主任刘江担任常务副组长，外交部副部长张业遂、科学技术部副部长邓楠、中国气象局局长秦大河和国家环境保护总局副局长祝光耀担任副组长。从小组的领导成员可以看出来，组长和常务副组长都是发改委的，突出了发改委在应对气候变化中的主导作用。外交部负责人进入小组领导班子，体现了内外兼顾协调意识和国际谈判的重要性。由于小组领头人是发改委主任，小组的成员绝大多数是各个部委的副手。

2007年6月，国家应对气候变化领导小组成立，总理任组长，成员变成各个部委的一把手。小组级别提升。2008年国务院机构改革，正部级机构减少了四个。但是，国务院进一步加强了对应对气候变化工作的领导，领导小组的成员单位由原来的18个扩大到20个。在一片精简机构的呼声中，发改委增加了应对气候变化司。下设综合、战略研究和规划、国内政策和履约、国际政策和谈判和对外合作五个处，公务员编制人员26人。至2011年底，加上各类项目的借调人员约40人。[1] 1998年，协调小组办公司搬到发展计划委后，只有四人，一度挂在地方经济发展司。十年后，气候司独立门户。2012年，发改委设立"国家应对气候变化战略研究和国际合作中心"，提供决策咨询和支撑服务，又增加了一个司局级机构。这些机构的扩充说明应对气候变化工作的机制建设越来越实。

1　苏伟：我国将成立应对气候变化新机构，《南方都市报》，2011年11月12日。

发改委管谈判　外交部送盒饭

1994年《联合国气候变化框架公约》生效后，缔约方每年召开大会。中国代表团团长一直由发改委（之前是计委）副主任担任。2007年之后，中国代表团团长解振华和副团长苏伟一直没有变化。解振华是发改委副主任，苏伟是发改委气候司司长。代表团另一位副团长来自外交部，2008年是气候变化谈判特别代表于庆泰，2009年是副部长何亚非。2010年坎昆气候大会开始，中国代表团第一副团长由外交部部长助理、后来升任副部长的刘振民担任。

这里有个问题，中国的气候外交归谁管？按常理，应该是外交部。但是发改委气候司的工作职责中有一项，"组织研究提出我国参加气候变化国际谈判的总体政策和方案建议，牵头拟订并组织实施具体谈判对案，会同有关方面牵头组织参加国际谈判和相关国际会议"。这实际上把组织和落实气候外交的主要工作交给了发改委。

从人员配备上看，发改委气候司的外交力量很强。首先是司长苏伟，2007年调到发改委之前在外交部条约法律司等部门工作，熟悉外交。从1989年开始，他一直参加国际气候谈判，积累了大量实战经验，对气候问题有切身体会。其次，从气候司内部的处级单位设置上看，综合处、战略研究和规划处、国内政策和履约处、国际政策和谈判处以及对外合作处五个处，至少有三个跟外交有直接关系——履约、谈判和国际合作。我采访过综合处的副处长李丽艳，李处长提到气候司刚成立的时候，苏司长年富力强。大家都在忙如何应对国际谈判，没白天没黑夜写材料。可见外交工总在气候司的重要。

那么外交部在国际谈判中起什么作用呢？

送盒饭！

？

2010年11月底，坎昆气候大会开幕前夕，中国社会科学院组织了一次论坛,叫"坎昆的挑战与中国的行动"。外交部条法司气候处的李婷处长发言时是这么说的。

> 我看到这个坎昆的挑战之后,第一反应是,最大的挑战是能不能吃上盒饭。这个是开玩笑,也是跟大家交个底。外交部是配合发改委,通过前方使馆做的一个非常重要、也是有意义的工作就是后勤,包括给大家订房,用车的问题,还有吃饭的问题,毫不夸张地说这些工作同样是为我们谈判提供有力支撑的重要方面。谈判确实是非常艰苦的,不光是智力,对体力也是一个很大的挑战。2008年在波兰,我记得我是一个星期没有吃上热的东西,连续都是吃比较冷的三明治,后来胃都已经受到影响。在哥本哈根就是抢盒饭,能抢到盒饭已经是非常的幸福了,比在国内吃任何的大餐感觉都是可贵得多。所以外交部也是尽最大的努力做好谈判的后勤和保障工作。

这段话说得很直白,气候谈判的主角是发改委,外交部协助的工作多一些。但是,2007年以来,外交部明显加强了气候外交力量。2007年9月初,外交部成立了应对气候变化对外工作领导小组,并设立气候变化谈判特别代表。小组长由部长亲任,两个副组长分别由副

◇外交部大楼
2015年9月

部长和部长助理担任，成员囊括外交部大多数司级部门，日常事务由条约法律司承办。条法司在原来负责国际环境法事务的处室基础上，提高领导层级，增加领导职数和人员，设立"应对气候变化工作办公室"，专门负责气候变化谈判工作。这个办公室接受外交部气候变化谈判特别代表的直接领导。谈判代表和条法司负责人一个级别，都是司局级。这种特殊建制说明，外交部对气候外交重视。

如果追溯一下谈判的历史，在《联合国气候变化框架公约》起草的谈判阶段，外交部是中国谈判队伍的牵头单位。那时候，中国代表团团长由外交部条法司司长担任，计委（发改委）派员参与谈判。但是随着时间的推移，国内应对气候变化工作机制几经调整，发改委成为主导协调单位。这种协调机制的设计突出了发改委在气候外交中的作用。实际上，是突出了发改委在应对气候变化问题上统筹国际国内两个大局的意图。这种设计反映出中国应对气候变化的首要原则，即坚持经济发展和应对气候变化相协调，在经济持续发展中增强应对气候变化的能力。这和《中国应对气候变化国家方案》中以"保障经济发展为核心"的指导思想是一致的。

中国站到舞台中心

2007年年底在印尼巴厘岛举行的气候大会上,中国和其他发展中国家一起,与发达国家达成协议,开始谈判如何共同减排温室气体。之前中国参与气候谈判的核心任务是保发展,坚决反对为发展中国家设定量化的温室气体减排义务。多少年来,减排问题根本不谈。从不谈到谈,这是一个重大转折。从此,中国站到了国际气候谈判舞台的中心。

2007年——中国发力

2007年,中国在气候变化方面做了几件大事。6月初,国务院公布了《中国应对气候变化国家方案》。《国家方案》明确了"控制温室气体排放"和"保障经济发展为核心"的"中国应对气候变化的指导思想"。这里值得注意的是"控制"温室气体排放,而不是"减

◇2007年6月4日,国务院新闻办举行新闻发布会。时任国家发展和改革委员会主任马凯介绍《中国应对气候变化国家方案》,并回答记者提问
中国政府网图片

少"。中国发展这么快，一时半会儿不可能减少排放。"控制"是实事求是的提法。另外，"保障经济发展为核心"的指导思想明确了把应对气候变化纳入国民经济和社会发展总体规划。这就是说，国家在力所能及的情况下，一定要做这件事情。

《国家方案》公布后，一些外国学者认为没有新意，只是综合了能够起到减缓温室气体排放的现有政策。但是，在发展中国家中，中国第一个颁布了应对气候变化国家方案，带头履行了《气候公约》第4条规定的义务，树立了负责任大国形象。之后，很多发展中国家效仿。从外交上说，《国家方案》就像一张打出去的牌，勾勒出中国应对气候变化的目的、原则、指导思想和措施。这张牌打出了主动性，中国不再被动参与国际气候谈判。

《国家方案》公布后不久，当时的国家主席胡锦涛赴德国出席德国举行的八国集团同发展中国家领导人对话会议。会议上，气候变化再度成为主要议题。中国首次承诺，向已经受到气候变化不利影响的小岛屿发展中国家提供援助。这是中国气候外交主动出击的另一个注脚。

气候变化写进执政党的纲领性文件是另一件大事。2007年10月15日至21日，中国共产党的第17次全国代表大会在北京召开。"生态文明"和"气候变化"首次进入总书记的报告。报告第五部分"促进国民经济又好又快发展"中的第四项"加强能源资源节约和生态环境保护，增强可持续发展能力"以"加强应对气候变化能力建设，为保护全球气候做出新贡献"的措辞结束。从党代会报告对气候变化的表述结构来看，应对气候变化成为转变经济发展方式的一部分。过去的"转变经济增长方式"也改成了"转变经济发展方式"。"增长"变成了"发展"，一个字的差别，体现出执政党的发展观念发生重大变化。经济增长不等于经济发展，经济发展不再追求纯粹的增长。

巴厘行动计划

中国的温室气体排放增长很快,面临的国际减排压力非常大。2006年,中国二氧化碳排放总量达到57亿吨,接近美国2004年的58亿吨。[1] 2007年6月,荷兰环境评估局发布报告称,中国已经超过美国,成为世界上最大的二氧化碳排放国。

巴厘气候大会期间,两个问题最为棘手。一方面是发展中国家要求发达国家落实《京都议定书》第二承诺期减排的整体指标和国别指标,一方面是发达国家要求发展中国家承担减排义务。双方针锋相对。《京都议定书》建立了一个重要模式:只有发达国家承担具体的量化的减排指标,发展中国家没有量化的减排义务。这对中国和发展中国家非常有利,但是给了发达国家,特别是美国一个特别好的借口——最大的温室气体排放国不承担责任,我也不干!

美国2001年拒绝批准《京都议定书》,长期游离在发达国家减排温室气体义务之外。其理由就是发展中大国排放量大、增长快,要求发展中大国承担减排义务。而美国所指的发展中大国首当其冲就是中国。因此,当发展中国家要求美国加入减排行列时,美国以发展中国家承诺国内减缓行动为交换条件。最后,谈出了《巴厘行动计划》的1(b)(i)条款,专门为美国设计,目的是拉美国入伙。作为交换,发展中国家在1(b)(ii)条款上妥协。

1(b)(i)条款就发达国家的减排做出规定,这个条款要求发达国家缔约方承担可测量、可报告和可核证的温室气体减排。此条款为美国量身定做。由于美国没有参加《议定书》,不履行发达国家减排义务,此条款把美国拉入了发达国家减排行列。1(b)(ii)则规定了发展中国家的国内减缓气候变化行动,这是巴厘会议谈判中最困难

---

[1] 苏伟:中国政府如何应对气候变化,《绿叶》,2008年8月。

的一个条款。此条款规定，发展中国家要在可持续发展框架下，在得到技术、资金和能力建设的支持下，采取适当的国内减缓行动。上述支持和减缓行动均应是可测量、可报告和可核证的。所谓减缓行动，就是温室气体减排行动。发达国家要求发展中国家的减排行动"可测量、可报告、可核证"，对发展中国家来说是巨大挑战。但是，发展中国家为了达成协议做出了妥协。[1]

◇发改委气候司司长苏伟2015年9月参加"巴黎协议展望"及中美气候合作专家对话
中国气候变化信息网图片

怎么理解妥协呢？我们想象一下不妥协会怎么样。谈判失败，《京都议定书》不能延续。责任谁来负？美国剑指中国。美国后面是所有发达国家和一部分发展中国家。与其如此，中国不如量力而为，做出姿态，占领道义高点。

当年参加巴厘谈判的发改委气候司司长苏伟事后透露，会议结束那天上午，大会主席和秘书处企图在没有中国参与的情况下召开大会，讨论并通过正在磋商的文件。苏伟和同事两次举牌抗议并要求大会秘书长道歉，秘书长最终道歉。苏伟说，举牌抗议非常关键，保证了《京都议定书》没有按照发达国家的意图，在第一个承诺期到期就被推翻，而是按照原计划制定了第二承诺期的行动指南——《巴厘路线图》。

---

1 苏伟、吕学都、孙国顺：未来联合国气候变化谈判的核心内容及前景展望——"巴厘路线图"解读，《气候变化研究进展》，2008年第1期。

◇2008年8月,北京街头弥漫着奥运会的气氛

上文所说的《巴厘行动指南》是《巴厘路线图》的三个组成部分之一。这些文件把发达国家继续绑在减排的法律责任之上。同时,中国和其他发展中国家一道,做出了新姿态——以前根本不聊的事情,现在可以谈!

中国温室气体人均排放在2007年超过世界平均水平5%,低于发达国家,但是超过发展中国家平均水平的70%。2007年,全球二氧化碳排放净增量中,中国占45.4%。中国历来的减排立场以发展中国家的地位为基础。但是,情况变化很快。越来越多的国家对此不认可。2008年,北京成功举办夏季奥运会。两周的工夫,中国的精彩借助国际媒体纷呈在世界眼前。有人戏称,从此以后,只有中国认为自己是发展中国家。国际社会对欣欣向荣的中国期望越来越高。在气候变化问题上,中国减排压力越来越大。

主动还是被动?

凡事预则立,不预则废。

2007年成为中国气候外交的转折点,绝对不是拍脑门的事情。我

气候 到底怎么了

们国家跟外国人打交道的传统向来是外事无小事。对外政策出现这么大的变化，一定经过深思熟虑。为什么要这样做呢？

国际压力越来越大，中国政府顶不住了？这种说法有市场。如果再加点"气候阴谋论"，此番论调颇能吸引眼球。所谓阴谋论，就是气候问题完全是西方国家为了遏制中国发展设的陷阱。一旦落入圈套，中国自废武功。对于这个问题，我特意采访了外交部的高风司长。他从2000年开始参加国际气候谈判，2000年至2005年带领中国代表团参加《联合国气候变化框架公约》缔约方大会。2005年赴德国波恩《气候公约》秘书处出任副执行秘书 。2013年起担任外交部气候变化谈判特别代表。

◇外交部气候变化谈判特别代表高风
照片由本人提供

2013年春节前，我去外交部采访高司长那天正赶上雾霾。他指着窗外问我，你说我们是干什么的？外交就是要为国家争取发展空间，这是我们参与气候变化谈判的最根本任务。现在的问题是，政治上的发展空间，我已经完成任务了，已经确保了。但是，大自然的发展空间已经没有了。现在的雾霾你还能忍受吗？我再让你排放，你说你还怎么排？已经喘不上气了，你还怎么排？我们争取的政治上的空间已经超过了中国容纳污染物的自然物理空间。

高风并不否认国际社会的压力越来越大。以前发达国家压中国，现在发展中国家也有微词。人家说，你污染你自己我可以不管，你不能反过来把我的生存空间也弄没了。好在发展中国家现在

◇2015年3月16日和23日雾霾与晴天对比
　北京同一地点拍摄

不点中国的名，但是这个事情能维持多久真不好说。所以中国一边对付发达国家，同时也要做发展中国家的工作，增强理解和互信，维持团结。

至于阴谋论，高风发表过一篇近九千字的论文。文章的主要观点是，中国不认同阴谋论，在气候问题上的认识和对策改变完全是出于自身需要的主动行为。认识上的变化发生在2003年，也就是执政党提出科学发展观那一年。

归根结底还是国家发展观念的改变导致了气候政策的转折。那么中国的发展模式弊端何在？高风的文章里有一段很动情的描写，阐述了中国靠低价产品攻克世界市场后的悲凉。

> 欧美产业空心化日益突出，欧美用中国借给他们的钱来消费中国人民的血汗（低价产品），再把钱以外资形式投资中国的各种资产，"一条牛剥两张皮"。但资源消耗和环境污染被留在中国，中国反而被指责为"新殖民主义"和对世界环境的威胁。[1]

---

[1] 高风：《联合国气候变化框架公约》二十年与中国低碳发展进程，《国际展望》，2013年第4期。

2003年提出的科学发展观,就是要解决中国社会经济发展不平衡、不协调、不可持续的问题。其中,节能减排、环境治理是重点。正是这一年,马凯到发改委当主任,兼任国家气候变化对策协调小组组长。高风回忆,他2003年看了许多发改委文件,文件内容非常详细、非常系统。马凯带着一整套的思想到了发改委,他把这一整套思想变成了国家政策。《中国应对气候变化国家方案》就是那个时候开始酝酿、起草的,直到2007年才对外公布。

中国在发展中国家中第一个提出了《国家方案》,此后,巴西、墨西哥、印度、印尼等国家纷纷效仿。2007年年底的巴厘岛气候大会上,发展中国家谈判调门开始改变,出现了国家自主适当减缓行动的提法。按照高风的说法,中国扭转了整个时代的命题,广大发展中国家在应对气候变化领域开始各尽所能。

中美的较量与合作

2009年年底的哥本哈根气候大会,是"二战"结束以来世界上最大规模的首脑会议,119位国家首脑与会。一般来说,国家领导人没有必要出席气候大会,部长级官员就可以了。各国元首和政府首脑齐聚哥本哈根,依据是联合国的一项专门决定。这在气候变化谈判历史上非常罕见。在这次会议上,中国仗义执言、与发达国家,特别是美国,进行了针锋相对的斗争,遭到众多发达国家的指责和非议,被西方舆论妖魔化为会议失败的替罪羊,掉进了国际舆论的漩涡。

中国在哥本哈根气候大会上的得失已经超出了国际气候合作的范畴,它反映了世界格局调整中一个新兴发展中大国与既有大国之间的碰撞。从此,一贯处于国际气候谈判领导地位的欧盟被彻底边缘化,中国和美国的地位和作用更加突出。这是一个非常有意思的事情。因为美国拒不参加《京都议定书》。根据《气候公约》规定,中国没有具体减排义务。说的俗一点,全世界应对气候变化的进程,掌握在两个啥也不承诺的国家手上。原因很简单,中美两个国家的温室气体排放量占全世界的40%。这两个国家不合作,怎么谈都是瞎谈。好在两个大国的关系一直是斗而不破。特别是最近两年,中美气候合作捷报频传,让世界着实吃了一惊。

英语有句谚语,keep your friend close, keep your enemy even closer。字典上翻译成,亲近你的朋友,更要亲近你的敌人。我更愿意直译,和你的朋友保持近距离,把你的敌人拉得更近。你仔细体会,是不是能领悟到中美关系的微妙?敌友之间的转变,就在近距离的争斗中产生。只要有近距离接触，就有合作的可能。斗着斗着，双方就累了。吵着吵着，双方烦了。还不如平心静气做点互利共赢的事情。自己的利益照顾到了，别人看着也放心。

哥本哈根峰会之前的互相喊话

哥本哈根气候大会在2009年年底举行。国际舆论提前大半年就开始造势了，当时的论调是，这次大会是拯救地球的最后机会。六七年过去了，现在想想都觉得可笑。气候变化这件事是分分钟就能够解决的吗？一百多个国家谈判，会前多少次都谈不拢，指望十来天创造奇迹，现实吗？

哥本哈根会议谈判的核心是要不要坚持《气候公约》、《京都议定书》和巴厘路线图，发达国家要不要继续率先减排，如何体现"共同但有区别的责任"原则和公平原则。谈判的基本格局一如既往，是发达国家和发展中国家两大阵营对垒。议题焦点是双方减排责任分担和发达国家提供资金和技术帮助发展中国家应对气候变化。

美国的想法是抛开既有的国际谈判体系，另起炉灶，让所有国家，特别是发展中大国承担量化减排指标。2009年6月3日，美国气候变化问题特使托德·斯特恩在美国民主党智囊机构美国进步中心发表演讲，主题是中美两国在气候变化问题上的合作。他说，1992年中国签署《气候公约》时，二氧化碳排放量为2.5Gt，美国的一半。而现在中国的年排放量为7Gt，超过美国，成为世界第一排放大国。他认为中国必须做出选择。一是继续援引《气候公约》《京都议定书》和《巴厘路线图》的有关条文，继续以发展中国家的身份不承诺显著减排措施。二是走一条新路，与美国等国家积极合作，在国际上做出显著的减排承诺。斯特恩的这个讲话实际上是一手压中国承诺减排，另一手捆绑中国，将发达国家与发展中国家的减排责任混为一谈。

下篇　气候变化里的中国与世界

◇哥本哈根气候大会的会标。朴素的蓝白两色呼应低碳环保的主题。圆球上交织的线寓意地球上人与人之间的密切联系。

2009年10月中旬，托德·斯特恩明确表示，哥本哈根会议能否达成协议取决于中国、印度、巴西、南非等发展中大国。他再次表达了美国对于《气候公约》主渠道作用的不满和另起炉灶的意图。他说，190多个国家参与的《气候公约》谈判进展过于缓慢，哥本哈根会议有可能达不成协议，谈判将会十分艰苦。他认为，最近几年来，由美国2007年9月发起的主要经济体能源安全与气候变化会议效果很好。目前最需要做的是，基础四国（中国、印度、巴西和南非）在现有基础上提高对各自的要求，并将各自承诺放入国际协议。对于美国的立场，印度的气候变化特使ShyamSaran的评价是"自己没牌打的时候就不断让别人出牌，这不是推动谈判的做法。发达国家承认气候变化的历史责任，他们应该带头减排。"[1]

美国的做法实际上是强拉中国做减排挡箭牌。对此，中国在不同场合多次回应。2009年7月9日国务委员戴秉国指出，现阶段要求发展中国家承担强制量化减排义务，既不现实也不公平。同时，中国支

1　US envoy Todd Stern's climate deal warning, Channel 4 News, 17 October 2009, http://www.channel4.com/news/articles/science_technology/us+envoy+todd+sternaposs+climate+deal+warning/3390502.html.

持联合国在应对气候变化国际合作方面发挥主导作用。[1] 这个讲话明确拒绝了美国另起炉灶的建议。

美国还提出了气候变化问题上的"中美共治"。这顶帽子挺高，但是不实惠。当时的外交部副部长何亚非曾经明确拒绝。他说，美国是发达国家，中国是发展中国家。在气候变化领域两国分属《气候公约》附件一和非附件一国家，责任和义务有本质区别。将中美两国相提并论，没有法律基础，也不符合事实。[2]

在捍卫自身发展权、敦促发达国家率先减排的同时，中国在哥本哈根会议召开前3个月之际，高调宣布了自愿减排计划。9月22日，90多位国家元首或政府首脑在联合国秘书长潘基文倡议下，齐聚纽约联合国总部参加联合国气候变化峰会。当时的国家主席胡锦涛在演讲中宣布，中国"争取到2020年单位国内生产总值二氧化碳排放比2005年有显著下降"。两个月后，胡锦涛向国际社会承诺的"显著下降"得到具体量化。11月25日，时任国务院总理温家宝主持召开国务院常务会议。"会议决定：到2020年我国单位国内生产总值二氧化碳排放比2005年下降40%～45%，作为约束性指标纳入国民经济和社会发展中长期规划，并制定相应的国内统计、监测、考核办法。"

应该特别指出，这是一个中国国内自主减少碳排放强度的计划。中国承诺的是采取减缓行动，而不是实现减排目标，更不是绝对减排指标。它有别于发达国家在《气候公约》和《京都议定书》中所承诺的量化减排目标；另外，这是中国的自主行为，不需接受国际核查。即使这样，40%～45%的碳强度下降计划体现出中国政府前所未有的诚

---

1 经济大国能源安全和气候变化论坛领导人会议举行，戴秉国代表国家主席胡锦涛出席并阐述中方立场，《人民日报》，2009年7月11日。
2 外交部在哥本哈根介绍中国应对气候变化政策等，2009年12月12日，http://www.gov.cn/xwfb/2009-12/12/content_1485654.htm.

意。此时，距离哥本哈根会议召开不到一个月。中国力促大会成功的意愿，已经十分清晰了。

鏖战哥本哈根

2009年12月7日至18日，《气候公约》缔约方第15次会议暨《京都议定书》缔约方第五次会议在丹麦首都哥本哈根举行。参会人数达5万之多，规模空前。开幕当天，联合国副秘书长施泰纳为谈判定调："哥本哈根大会是拯救人类于气候灾难的最后一次机会。"

国际社会究竟为何如此看重哥本哈根大会？这次会议的预期成果何在？

按照2007年底巴厘气候大会的安排，哥本哈根会议应该完成"双轨谈判"，对2012年之后国际社会如何应对气候变化做出安排。之所以搞"双轨"，主要原因在美国。1997年达成的《京都议定书》为发达国家设定了第一承诺期，即2008年至2012年的温室气体减排目标。2012年之后发达国家的减排目标，就是谈判的"一轨"，也就是发达国家第二承诺期的谈判。但是"一轨"谈判无法约束美国，因为美国退出了《议定书》，游离于发达国家减排承诺之外。但是美国是《气候公约》缔约国，还是世界第一经济大国和温室气体排放大国。美国可以参加《气候公约》活动并以观察员身份出席《议定书》缔约方会议。美国的特殊地位意味着，任何着眼于取得实际效果的应对气候变化的国际行动不能缺少美国。因此就有了"双轨"。

一轨是没有美国参加的《议定书》谈判，另一轨是美国参加的《气候公约》谈判。第二轨的关键是2050年全球认可的共同减排目标。两轨的谈判都很艰难，美国和欧盟主张两轨并一轨，废弃《议定书》，混淆发展中和发达国家"共同但有区别的责任"原则。[1] 这一原

---

[1] 潘家华：哥本哈根气候会议的争议焦点与反思，《红旗文稿》，2010年5月。

则是20年来发展中国家参与国际气候谈判一直坚守的原则和底线，因此发达国家和发展中国家之间在此问题上的分歧巨大，争论激烈。这一点在中美两个大国在会议之间的冲突上可见一斑。

美国总统奥巴马在大会演讲中对中国旁敲侧击。他说："作为全世界最大的经济体和排放量名列第二的国家，美国在应对气候变化方面有自己的一份责任，我们准备尽这份责任。"[1] 显然，奥巴马话中有话，意在将注意力指向世界温室气体排放量第一的中国，要求中国接受减排温室气体目标。而中国总理温家宝则在演讲中敦促发达国家承担历史责任、兑现减排承诺："一打纲领不如一个行动"。[2] 并针锋相对地提出对于中国的减排行动，温家宝针锋相对地说："中国政府确定减缓温室气体排放的目标是中国根据国情采取的自主行动，是对中国人民和全人类负责的，不附加任何条件，不与任何国家的减排目标挂钩。我们言必信、行必果，无论本次会议达成什么成果，都将坚定不移地为实现、甚至超过这个目标而努力。"

就中国自主减排目标问题，中国代表团团长解振华曾很生气对西方国家代表说："中国自主采取的行动，没有什么谈判的余地……已经谈判了这么多年，公约里要求你要出资金跟技术，到现在为止，资金没有落实，技术没有落实，你有什么资格来跟我提，让我做得更多呢？"[3]

其实，中国的态度很明确。减排可以，但是我说了算。减多少、怎么减，我自己定。这么干，是《气候公约》给我的权利，名正言顺，用不着外人指手画脚。

---

[1] 奥巴马在哥本哈根气候变化会议讲话全文，《参考资料》，2009年12月21日。

[2] 温家宝：凝聚共识加强合作推进应对气候变化历史进程——在哥本哈根气候变化会议领导人会议上的讲话（二〇〇九年十二月十八日，哥本哈根），《人民日报》，2009年，12月19日。

[3] 中新社德班2011年12月11日电："气候部长"解振华的喜与怒，http://www.chinanews.com/gj/2011/12-12/3523489.shtml。

会议期间，外交部副部长何亚非对美国的强硬表态一度成为西方媒体报道的焦点。他曾点名批评美国首席谈判代表托德·斯特恩。斯特恩说，美国纳税人出资帮助贫困国家应对气候变化，但是繁荣的中国不应被列入这些国家。对此言论，何亚非在新闻发布会上予以尖锐的回应："我不想说这位先生无知……但是我认为他缺少常识……或者他极其不负责任。"[1]

12月17日晚，温家宝得知中国被列入当晚小范围领导人会议名单后，感到十分蹊跷，因为会议召集方没有通知中国。为阻止少数国家抛出案文，引发各方强烈不满，温家宝指示何亚非立即赶到"会场"，对召集方这种别有用心的做法提出强烈不满，表示一定要公开透明，不能搞小圈子，不能强加于人，否则很有可能导致会议无果而终。[2]

对于这次会议，德国的《明镜周刊》于2010年5月发表了长篇报道。报道以会议录音为原始材料，还原了会议进程。25个国家领导人到会，包括美、英、法、德、印度、巴西和非洲国家代表，会议开了一个半小时。讨论的最实质内容是，2050年前，美国、中国、印度都要承诺减排50%，而且要写进大会协议，具有法律约束力。对此，何亚非在法国总理萨科齐、德国总理默克尔、英国首相布朗轮番施压后，毫不含糊地拒绝了。会议陷入僵局后，奥巴马开腔，他说了3分42秒。他对何亚非说，如果没有对等的观念，不可能推进谈判。

所谓对等观念，奥巴马用的词是sense of mutuality，意思就是发达国家和发展中国家一起减排。奥巴马还对何亚非的级别表示了不满。他对何亚非说："我很尊敬来此参会的中国代表。但是，我知道

---

[1] China lashes out at U.S. at climate conference, USA Today, 2009年12月12日, http://usatoday30.usatoday.com/weather/climate/globalwarming/2009-12-11-china-climate-criticism_N.htm.

[2] 青山遮不住　毕竟东流去——温家宝总理出席哥本哈根气候变化会议纪实，《人民日报》，2009年12月25日。

有一位能够做出政治决策的总理。我知道他给了你指示。"何亚非的回答给西方领导人上了一课，他说："我不代表自己，我代表中国政府……别忘了问题由何而起。200年来工业化国家排放了80%的温室气体。谁制造的问题，谁就要对目前的灾难负责。"

◇2009年12月17日下午，时任外交部副部长何亚非在哥本哈根会议贝拉会议中心举行中外媒体吹风会。
外交部网站图片

说完，何亚非要求休会。这个时候是下午4点26分。主持人宣布休息四分钟。但是，会议没有继续。不久，温家宝总理和印度、巴西、南非领导人在楼下的会议室里协调金砖四国立场。快到7点的时候，奥巴马不请自到。这五个国家领导人谈出了《哥本哈根协议》。欧洲国家只有听招呼的份儿了。[1]

最终，哥本哈根气候会议没有形成具有法律约束力的会议文件，《哥本哈根协议》只是一个框架性协议，被大会"注意到"。《哥本哈根协议》没有明确发达国家的中期减排义务，并将发展中国家的行

1　The Copenhagen Protocol: How China and India Sabotaged the UN Climate Summit, May 05, 2010, SPIEGEL ONLINE, http://www.spiegel.de/international/world/the-copenhagen-protocol-how-china-and-india-sabotaged-the-un-climate-summit-a-692861.html.

动与发达国家的承诺并列。发达国家承诺2010—2012年300亿美元的快速启动资金和到2020年每年筹集1000亿美元资金,但没有明确资金来源和分担计划。[1] 会议没有取得预期成果。

外交部首任气候变化特别谈判代表于庆泰,对哥本哈根会议感触颇深。他事后回忆:"此次会议谈判中最困难的一点,就是西方国家口头上虽然承认发达国家和发展中国家承担'共同但有区别的责任',但实际上说得多,做得少。很多发达国家和他们的媒体不关心中国做了什么,有意忽视中国在减排上的努力,而是片面炒作和夸大中国的温室气体排放量,对中国提出不公平、片面的要求。"

从对立到合作

哥本哈根峰会,让全世界知道了中国和发达国家吵得不可开交。之后,该吵的时候,还是吵。2011年年底德班的气候大会上,中国代表团团长解振华在大庭广众之下怒斥发达国家言行不一。

谈到发达国家拒不履行承诺,他的口气极为强硬:"一些国家,我们不是看你说什么,我们看你做什么。到现在为止,有些国家已经做出了承诺,但没有落实承诺,并没有兑现承诺,并没有采取真正的行动。讲大幅度率先减排,减了吗?要对发展中国家提供资金和技术,你提供了吗?讲了20年,到现在没有兑现!我们是发展中国家,我们要发展,我们要消除贫困,我们要保护环境,该做的我们都做了。我们已经做的,你们还没有做到!你有什么资格在这儿讲那些道理给我?!"这番话说完,全场掌声雷动。发展中国家解气啊!

---

[1] 潘家华:转折调整务实行动——从哥本哈根高预期减排到坎昆务实调整,载王伟光、郑国光(主编):《应对气候变化报告:2010,坎昆的挑战与中国的行动》,北京:社会科学文献出版社,2010年版,第5页。

解振华这番慷慨激昂被在场的各国记者捕捉到了。当时，我的同事也在现场，用高清摄像机记录了这精彩的一幕。那一年，发改委投资拍摄了一部大型高清电视纪录片《环球同此凉热》，主题是中国如何应对气候变化。回国后，编导想把这段素材用上，表现中国政府和发达国家针锋相对的斗争。解振华是发改委副主任，据说他不同意用这段素材。我琢磨，这大概就是中国人的风格。该斗的时候一定要斗，但是斗争不是目的，要紧的是大家都希望做的事情不能耽误。中国还是想树立一个顾全大局、力促其成的形象。

　　现实中，中国也是这么做的。特别是最近几年，中国和美国加强了气候合作。不夸张地说，中美之间的气候合作既让世界吃了一惊，也让世界吃了一颗定心丸。中美是温室气体排放量最大的两个国家，加起来占全世界的40%。按照《气候公约》及其《京都议定书》的规定，中国是发展中国家，不承担减排责任。多年来，美国借口中国不承担量化减排指标，游离于《京都议定书》之外。说得通俗一点，美国让中国当了自己的挡箭牌，躲在中国背后拒不承担任何具有约束力的量化减排责任。这种情况持续下去，全世界应对气候变化就是一句空话。

　　2014年，变化开始了。2月14日，国家主席习近平在人民大会堂会见美国国务卿克里。新华社发的通稿里有这样两句话："中国高度重视生态文明建设。在这方面，不是别人要我们做，而是我们自己要做，采取了许多措施，今后我们还会这样做。"

　　这些话，意义不一样，何况对象是美国国务卿。按照我的理解，习近平给美国人发出了一个明确的信号——中国在气候问题上一直主动做事儿，以后也一样。当然，也可以这么理解。既然是我们自己要做，那就由不得外人指手画脚，主动权在我。国力不足的时候，做得少一点。国力够的时候，自然要多做一点。什么时候多做一点，做多少，我们自己说了算。

　　2014年11月，奥巴马总统访问中国之际，双方签署了《中美气候变化联合声明》。这个声明让世人吃了一惊。《声明》第三条说："美国计划于2025年实现在2005年基础上减排26%-28%的全经济范围减排目标并将努力减排28%。中国计划2030年左右二氧化碳排放达到峰值且将努力早日达峰"。这意味着，中美两个排放大国通过双边协议的方式，给自己设定了量化的减排目标。特别是中国，给世界一个承诺，2030年之后温室气体排放将下降。这是一粒定心丸，因为西方国家生怕中国经济持续发展带来无休止的排放增长。

2015年9月底，习近平访问美国期间与奥巴马签署了《中美元首气候变化联合声明》。舆论评价，此声明给两国在气候变化领域的合作加上了"双保险"。《声明》最引人瞩目的是第15条："美国重申将向绿色气候基金捐资30亿美元的许诺；中国宣布拿出200亿元人民币建立'中国气候变化南南合作基金'，支持其他发展中国家应对气候变化。"这是真刀实枪地帮助发展中国家减排啊。

另外，声明最后一部分的小标题是"加强双边和多边气候合作"。所谓双边合作，就是中美两个国家谈。多边合作可以理解为中美谈好了，把成果推向世界。从20世纪80年代末国际气候谈判诞生之日起，发展中国家和发达国家之间的矛盾一直是阻碍国际气候合作最大的障碍。现在世界上最大的发达国家和发展中国家把气候合作当成一个能够出成绩的事情来做，这不是一个最大的利好吗？

结束语：与气候一起变化

天下熙熙，皆为利来。天下攘攘，皆为利往。

两千多年前，司马迁心怀愤懑写下这两句话，他看到了"亲朋道义因财失，父子情怀为利休。"我们体会一下他的心境，他肯定不满于人与人交往中逐利甚于尚义的种种龌龊。但是，2000年过去了，有多少人能够做到"急缩手，且抽头，免使身心昼心愁"呢？逐利依旧是人的本性，也是国家行为的基本逻辑。因为国家政策也是由人的群体谋划、制定的。

研究气候变化，让我们再次看到了人类逐利的本性，当然有自私的一面。同时，我们也看到了世界各国追求共同利益的一面，这就是"尚义"。"尚义"让我们看到了国家和世界的希望。

拿中国来说吧，中国是被西方国家拉入世界气候问题谈判的。起初，中国根本就不知道气候问题涉及的国家利益，因此没太当回事儿。当中国认识到气候问题事关国家经济发展大计之后，当然以最坚定的态度捍卫自身发经济发展权益，毫不留情地拒绝、反击任何外来减排压力。直到中国环境恶化到成为束缚经济发展的瓶颈时，内在经济发展转型的迫切要求成为国家积极应对国际气候问题的最大内驱力。由此，中国主动提出国内自主减排计划，国际上高姿态地一手拉美国促合作，一手帮助落后国家节能减排。这一切都是国家利益使然，但是实现国家利益不排除促进世界共同利益。

梳理中国应对国际气候问题的历史轨迹，我们可以领悟到关于利益的几点启示。首先，利益并非一目了然，认清它需要知识和见识。

西方的环境观念比我们先进，在气候变化问题上，中国最初的确落后了。其次，利益的内容和层次丰富，实现哪种利益都需要物质基础。比如，利益包括政治、经济、环境以及国际威望。中国当然知道国际威望是国家利益的重要成分，但是没有物质基础，国际威望犹如沙雕般一吹即逝。因此，中国首选埋头苦干搞建设，腰杆硬了才在国际上积极发声。之前，中国在气候谈判桌上说得最多的是NO。第三，国家利益和国际利益虽然有交集，但是交集永远不会覆盖国家利益。如果国家利益是逐利，国际利益是尚义，无论到什么时候，逐利永远优先于尚义。否则，愧对国内父老。但是，只要有尚义的空间在，全世界应对气候变化的进程就会不断往前走。

　　天下熙熙，皆为利来。天下攘攘，皆为利往。2000年过去了，利中有义，司马迁不必愤懑了。

后　记

　　书写完了，给自己一个交代。在中央电视台的日子，好精彩！

　　1995年，我从北京广播学院英语专业毕业，走进中央电视台《英语新闻》栏目。转眼间20年过去了。刚进台的时候，我没坐过飞机、跟陌生人打交道发怵。遇到有难度的选题，如果人家说不接受采访，简直如释重负，有借口交差了！如今，我已经走遍全国，跑了三十多个国家，拿了一堆国内外新闻奖。长见识、学本事，是20年央视经历的最大收获。

　　记者这个行当，与其他职业有诸多相似。譬如警察，人家破案子，电视记者做片子，都是在特定人群中探索、求真，给老百姓一个说法。这是一个让人着迷的行当，充满了使命感。记者凑在一起聊天，总是胸怀国家，拥抱天下，情怀满满的。

　　国家发展，个人受益。道理冠冕堂皇，仔细想想，就是这么回事儿。感谢这个时代，给了我如此丰富的经历。这几十年，中国解决了挨饿的问题，正在花大力气解决挨骂的问题。世界舆论场那么大，中国的声音理所应当有一席之地。我在《英语新闻》工作了20年，深切体会到国家对外宣的重视。20世纪80年代后期，《英语新闻》开播的时候，每天15分钟左右，没有严格的时间限制。快半夜了才播，播完电视屏幕就没影儿了。现在，英语新闻是一个频道——CCTV NEWS，在内罗毕和华盛顿都设立了区域制作中心，全天24小时播出，光外籍雇员就有好几百号。

　　20年间，我做了十多年记者，后来逐渐脱离了采编一线，负责

后 记

国际团队的管理工作。仍然拿着记者证,但是工作重点转向人力资源管理。外籍雇员越来越多,总要有人来管。领导说,你镇得住,去管外国人吧。所谓镇得住,就是懂专业。跟外国专业电视人打交道的时候,人家知道你是内行。

做管理,依然惦记着老本行。去一线采访的机会少了,但是打听了那么多事情,总不能都烂在肚子里。时间长了,真坐不住,曲线救国吧。2009年,我考上了中共中央党校国际政治专业,在职攻读博士学位。还没入学,论文题目就定了,中国气候外交。原因有三。首先,一直报道环境问题,国内走了那么多地方,有切身体会,有一手材料。趁着读博,好好梳理一下。第二,2005年在英国留学期间,搜罗了上百篇气候方面的论文,一直没用上。第三,党校在职博士可以读六年,这么长时间肯定有再去美国的机会。世界气候外交,美国一直以"拖后腿"的方式发挥领导作用。缺了它,气候问题免谈。果然,2013年台里派我去丹佛大学参加传媒高级管理人员培训。在丹佛大学图书馆,我扫描了最新的专著,并且下载了美国国会从20世纪70年代以来,所有关于气候问题的听证记录。

2014年7月份,论文顺利通过,答辩委员会评价很高。接下来,就是出版。几次碰壁之后,我想,还是走老路子,写畅销书。论文换一种深入浅出的表达方式,传播效果只会更好。上一本书《世界到底怎么了》销量不错,这一本争取锦上添花。几个月的重新整理,一本图文并茂的书诞生了。书里的大部分照片是我采访过程中拍摄的。整理这两百多张图片,就好像钻进电脑里故地重游。激动了,给照片里的人打个电话。遥远的声音传过来,"啊,朱记者,我当然记得你!"放下电话,更激动了。

我要特别感谢中央编译出版社的编辑冯章老师、邓永标老师和陶莎莎老师,在书稿修改过程中提出诸多中肯意见并做出大量细致繁琐的编辑工作。

这本书里写的都是别人的故事，哪一个不是自己的心态？按照自己的想法写别人的故事，是记者的特权。这个过程，甚是享受。书里写了很多矛盾和挫折，比如风电、太阳能和电动车。看上去很美，用起来并不得心应手。再比如，中国环境污染严重，在世界舆论中备受指责。特别是经济发展了，环保意识依旧淡薄。现在又加上一条，外国人说我们逃避减排责任。

　　怎么看这些问题？俗话说，办法总比问题多。冷静观察、沉着应对。只要我们积极应对，注意，不是应付，就一定有希望。哪怕慢一点，哪怕外人在一边说三道四。毕竟，路是自己走出来的，有几个路上说风凉话的能陪你走到终点？心里有数就好。老一辈人讲，遇到事，不怕事。应对气候变化，也是这么个道理。

　　我坚信，未来一定更好，环境问题是未来的一部分，也会好起来。举个例子，雾霾给北京人添堵，但雾霾也是动力，节能减排的巨大动力。2016年春节期间北京城里放鞭炮的人少多了，究其缘由，减少空气污染必在其中。所以，我不信，环境问题愈演愈烈，因为每个人都有环境意识和环保行动。意识越来越强，行动越来越多。

　　个人如此，国家亦然。大家一起行动，好日子就在前头。

　　这些话写给自己，写给读者，也写给国家。

2016年10月

图书在版编目（CIP）数据

气候到底怎么了 / 朱焱著. —北京：
中央编译出版社，2017.2

ISBN 978-7-5117-3047-3

Ⅰ.①气… Ⅱ.①朱… Ⅲ.①气候变化-影响-对外政策-研究-中国 Ⅳ.①D820

中国版本图书馆 CIP 数据核字（2016）第 151422 号

气候到底怎么了

出 版 人：	葛海彦
出版统筹：	贾宇琰
责任编辑：	陶莎莎　冯　章
责任印制：	尹　珺
出版发行：	中央编译出版社
地　　址：	北京西城区车公庄大街乙 5 号鸿儒大厦 B 座（100044）
电　　话：	（010）52612345（总编室）　（010）52612352（编辑室） （010）52612316（发行部）　（010）52612317（网络销售） （010）52612346（馆配部）　（010）55626985（读者服务部）
传　　真：	（010）66515838
经　　销：	全国新华书店
印　　刷：	北京紫瑞利印刷有限公司
开　　本：	787 毫米×1092 毫米　1/16
字　　数：	206 千字
印　　张：	16
版　　次：	2017 年 2 月第 1 版第 1 次印刷
定　　价：	48.00 元

网　　址：	www.cctphome.com　　邮　箱：cctp@cctphome.com
新浪微博：	@中央编译出版社　　微　信：中央编译出版社（ID：cctphome）
淘宝店铺：	中央编译出版社直销店（http://shop108367160.taobao.com）　（010）52612349

凡有印装质量问题，本社负责调换。电话：（010）55626985